삶으로 드러나는 믿음

삶으로 드러나는 믿음

1쇄 발행 2015년 10월 26일
2쇄 발행 2018년 1월 20일

지은이 박정근
펴낸이 고종율

펴낸곳 주) 도서출판 디모데 〈파이디온선교회 출판 사역 기관〉
등록 2005년 6월 16일 제 319 - 2005 - 24호
주소 서울특별시 서초구 서초대로 141-25 (방배동, 세일빌딩 8층)
전화 마케팅실 070) 4018-4141
팩스 마케팅실 031) 902-7795
홈페이지 www.timothybook.com

값 12,000원
ISBN 978-89-388-1591-0 03230

믿음에 합당한
그리스도인의 삶이란
무엇인가

삶으로 드러나는 믿음

박정근

차례

서문

야고보서는 교회사에서 많은 논란을 낳았다. 많은 비평가들은 야고보서의 내용이 믿음과 행위의 관계에 대한 바울의 가르침과 정면충돌한다고 주장했다. 심지어 종교 개혁가 루터도 야고보서가 왜 정경에 속하는지 의문을 가질 정도였다. 그러나 수많은 비평이 있음에도 야고보서는 하나님의 영감을 받아 기록된 말씀임이 틀림없다. 또한 야고보서가 말하는 믿음의 내용 역시 다른 모든 성경, 특히 사도 바울이 말하는 믿음의 내용과 다르지 않다.

야고보서의 저자는 예수님의 동생 야고보다. 그는 한때 자신의 형을 믿지 않았지만("그 형제들까지도 예수를 믿지 아니함이러라", 요 7:5) 훗날 부활하신 예수님이 그에게 나타나신 뒤 바울처럼 회심하여 주님을 믿게 되었다. 그리고 예루살렘 교회의 지도자가 되었다. 야고보는 유대인들과 이방인들의 화합 문제로 논쟁이 생겼을 때, 오직 믿음으로 구원받는다는 바울의 복음을 지지했다. 이 사실만으로도 야고보가 바울과 달리 행위로 구원받는다고 주장했다는 사실은 전혀 설득력이 없다.

야고보는 구원의 방편으로서 행위가 아니라, 참된 믿음에 당연히 따라오는 행위를 말한다. 그리스도를 믿는 참된 믿음은 반드시 행위로 드러나야 한다. 특히 야고보서는 교회와 교회 밖의 삶이 분리되어 이원론적인 삶을 살아가는 이들에게 꼭 필요한 책이다. 야고보는 참된 믿음의 특징을 구체적으로 하나하나 다루면서 우리에게 믿음의 삶을 살라고 도전한다. 참된 믿음은 시험을 이기고, 사랑의 열매를 맺는다. 또한 진정으로 겸손한 사람이 되게 하며, 끝까지 인내하게 한다. 이 책을 읽는 동안 자신의 믿음을 확인해 보고, 믿음 안에서 자라가라. 이 부족한 설교집이 여러분의 믿음을 온전하게 하는 데 도움이 되기를 간절히 소원한다.

박정근

1장

행함 있는 믿음

야고보서 1:1

[1]하나님과 주 예수 그리스도의 종 야고보는 흩어져 있는 열두 지파에게 문안하노라.

성경을 공부할 때 가장 좋은 방법 중 하나는 그 책이 쓰인 배경을 먼저 공부하는 것입니다. 쉽게 말하면, 그 책을 쓴 사람이 누구인지, 누구를 대상으로 썼는지, 어떤 목적으로 썼는지를 연구하는 것입니다. 먼저 배경을 공부하고 나서 성경책을 읽으면 내용을 이해하기 쉽고, 저자가 말하려는 내용을 더 깊이 깨달을 수 있습니다.

우리가 살펴보려고 하는 야고보서는 다섯 장밖에 되지 않아서 전체를 한 번 읽는 데 10분이면 충분합니다. 하루에 10분 정도 시간을 내어 야고보서를 읽어 보십시오. 그러면 야고보서를 잘 알게 되고, 야고보서 말씀을 그대로 흡수하게 될 것입니다. 이제 야고보서의 배경을 살펴보겠습니다.

1. 저자: 야고보

먼저, 야고보서를 쓴 사람이 누구입니까? 당연히 야고보입니다. 그런데 어떤 야고보일까요? 성경에는 네 명의 야고보가 나옵니다.

(1) 유다의 아버지 야고보

첫째, 유다의 아버지 야고보입니다. 이 사람에 대해서는 알려진 바가 별로 없습니다. 성경에 오직 한 번 나옵니다. 그가 등장하는 이유가 무엇입니까? 예수님의 제자 가룟 유다와 구분하기 위해 나옵니다. 열두 제자를 소개하는 내용이 누가복음 6장에 나옵니다.

> "야고보의 아들 유다와 예수를 파는 자 될 가룟 유다라"(눅 6:16).

이 말씀을 보면, 예수님의 제자 중에 이름이 유다인 사람이 두 명 있음을 알 수 있습니다. 우리가 잘 아는 가룟 유다 외에 야고보의 아들 유다가 나옵니다. 유다의 아버지 야고보는 중요한 인물이 아니기에 잊어도 괜찮습니다. 하지만 다른 세 명은 중요합니다.

⑵ 세배대의 아들 야고보

둘째, 세배대의 아들 야고보가 있습니다. 우리가 잘 아는 사람입니다. 예수님의 열두 제자 가운데 형제가 두 쌍 있습니다. 베드로와 안드레, 요한과 야고보입니다. 야고보는 베드로, 요한과 함께 삼인방 중 하나로 예수님의 측근이었습니다. 같이 변화 산에도 올랐고, 겟세마네 동산에도 기도하러 갔습니다. 세배대의 아들 야고보는 주후 44년에 열두 사도 가운데 가장 먼저 순교당했습니다.

⑶ 알패오의 아들 야고보

셋째, 알패오의 아들 야고보입니다. 그는 야고보 네 명 가운데 두 번째로 중요한 사람입니다. 세배대의 아들 야고보와 구분하기 위해 '알패오의 아들 야고보'라고 불렀습니다. 그러니까 예수님의 제자 가운데 이름이 유다인 사람도 둘이고, 이름이 야고보인 사람도 둘입니다. 헷갈릴 수도 있지만 어려울 것 없습니다.

예수님의 열두 제자의 이름이 마태복음 10장에도 나옵니다.

> "열두 사도의 이름은 이러하니 베드로라 하는 시몬을 비롯하여 그의 형제 안드레와 세배대의 아들 야고보와 그의 형제 요한, 빌립과 바돌로매, 도마와 세리 마태, 알패오의 아들 야고보와 다대오, 가나나인 시몬 및 가룟 유다 곧 예수를 판 자라"(마 10:2-4).

⑷ 예수님의 동생 야고보

세배대의 아들 야고보와 알패오의 아들 야고보는 예수님의 제자입니다.

그러면 누가 야고보서를 썼을까요? 둘 다 아닙니다. 또 다른 야고보가 있는데, 그가 야고보서를 썼습니다. 그는 예수님의 동생입니다.

어떤 신학자는 야고보를 예수님의 이복동생이라고 말합니다. 사실 예수님은 마리아에게서 태어났지만 성령으로 잉태되었으므로 그 말이 맞습니다. 그러나 편의상 지금부터는 야고보를 예수님의 동생이라고 부르겠습니다.

앞서 말했듯이, 어떤 책을 이해하는 지름길은 그 책의 저자에 대해 잘 아는 것입니다. 예수님의 동생 야고보가 어린 시절을 어떻게 보냈을지 한번 상상해 보십시오. 보통 둘째에게는 특이한 면이 있습니다. 형을 이기려 드는 고집 센 둘째가 있는가 하면, 여러 형제 가운데 끼어 좀 예민하고 내성적인 둘째가 있습니다. 어쨌든 둘째들은 좀 특이합니다.

우리 집안에는 두 종류의 둘째가 다 있습니다. 저희 둘째 호진이는 고집이 센 쪽을 택한 것 같습니다. 형을 이겨야 하기 때문입니다. 저는 다섯 남매 가운데 막내입니다. 제 형인 박정은 선교사는 내성적인데, 저는 외향적입니다. 왜 그럴까요? 저는 막내라서 하고 싶은 대로 다 했기 때문입니다.

첫째가 탁월하면, 둘째는 스트레스를 많이 받습니다. 이런 면에서 야고보를 이해해 보기 바랍니다. 야고보의 어린 시절이 어땠을까요? 아니, 예수님의 어린 시절은 어땠을 것 같습니까? 그분이 말썽을 피웠을까요? 신앙생활을 게을리했을까요? 부모의 말에 순종하지 않았을까요? 예수님의 어린 시절이 모든 면에서 얼마나 완벽했겠습니까!

성경은 예수님이 우리와 같이 유혹을 받았지만 죄는 범하지 않으셨다고 기록합니다. 게다가 부모는 예수님이 메시아이신 것을 알았습니다.

그분에 대한 사랑이 얼마나 컸겠습니까! 이제 상상해 보십시오. 한 번도 죄를 짓지 않은 형, 모든 면에서 완벽하여 부모의 사랑을 넘어 존경까지 받는 형이 있다고 상상해 보십시오. 그러면 야고보의 어린 시절이 어땠을지 짐작할 수 있을 것입니다.

그래서인지 야고보는 예수님의 공생애 기간에는 그분을 믿지 않았습니다. 아니, 그분을 몹시 싫어했던 것 같습니다. 어느 날 예수님이 자신을 메시아라고 주장하는 것을 보고 야고보가 어떻게 반응했을 것 같습니까? 마가복음 3장을 보면, 야고보는 형이 미쳤다고 생각하여 동생들을 데리고 예수님을 잡으러 갔습니다.

그런데 얼마 지나지 않아 상황이 완전히 뒤바뀌는 일이 생깁니다. 주님이 십자가에 돌아가신 뒤 제자들이 다락방에 모여 있었습니다. 예수님의 동생 야고보도 그곳에 함께 있었습니다. 그는 오순절에 임하시는 성령을 기다렸습니다. 그리고 성령을 받았습니다. 그뿐만 아니라 초대교회의 지도자가 되고 예루살렘 교회의 1대 감독까지 되었습니다. 흔히 베드로를 예루살렘 교회의 1대 감독이라고 말하는데, 그것은 천주교의 주장일 뿐입니다. 예루살렘 교회의 1대 감독은 야고보입니다.

성경에 야고보의 회심이 자세히 나오지 않아 분명히 알 수 없지만, 예수님의 십자가 사건과 부활을 겪은 후에 회심한 것으로 보입니다. 고린도전서 15장에 보면, 부활하신 예수님을 본 사람들을 기록하고 있습니다.

> "장사 지낸 바 되셨다가 성경대로 사흘 만에 다시 살아나사 게바에게 보이시고 후에 열두 제자에게와 그 후에 오백여 형제에게 일시에 보이셨나니…그 후에 야고보에게 보이셨으며"(고전 15:4-7).

이 본문은 부활하신 예수님이 베드로와 야고보에게 나타나셨다고 기록합니다. 하지만 요한복음 21장은 베드로에게 나타나셨을 때 다른 제자들도 함께 있었다고 기록합니다. 그러므로 부활하신 예수님이 독대한 사람은 야고보 한 사람입니다. 저는 성경을 연구할 때, 묵상을 많이 합니다. 상상도 많이 하는 편입니다. '부활하신 예수님이 왜 야고보를 독대하셨을까? 도대체 무슨 말씀을 하셨을까?' 저는 며칠 동안 그 생각에 몰두했습니다. 그렇게 묵상한 것이 큰 도움이 되었습니다. 부활하신 예수님은 어린 시절을 같이 보냈던 야고보에게 무슨 말씀을 하셨을까요? 야고보는 어떻게 변화되었을까요? 여러분도 상상해 보십시오.

어쨌든 야고보는 부활하신 예수님을 만난 후 완전히 달라졌고, 예루살렘 교회의 지도자가 되었습니다. 그리고 교회를 핍박하던 사울이 회심하고서 모든 사도가 못 받아들일 때도, 사도 바울을 인정해 줍니다. 야고보가 아니었다면 바울은 바울이 되지 못했을 것입니다.

사도행전 15장은 유대인과 이방인의 화합을 위협하는 아주 큰 분쟁을 기록합니다. 이때 야고보는 바울을 지지하여 오직 믿음으로 구원받는 복음을 최초로 확증했습니다. 고대 역사가의 증언으로는, 야고보는 수많은 유대인과 이방인에게 예수님이 하나님의 아들이자 하나님이요 메시아이심을 가르쳤다고 합니다.

야고보는 경건한 삶을 살았습니다. 늘 무릎을 꿇고 기도해서 무릎에 굳은살이 잔뜩 생겨 '낙타 무릎'이라는 별명을 얻었습니다. 고대 역사가 유세비우스와 요세푸스의 증언으로는, 주후 62년에 반대자들이 야고보를 성전 꼭대기에 세워 심문하고 예수를 부인하라고 강요했다고 합니다. 그들은 예수의 동생이자 예루살렘 교회의 1대 감독인 야고보가 예수를 부인하면, 기독교는 끝날 거라고 판단했습니다.

그래서 야고보를 성전 꼭대기에 세워 놓고 예수를 부인하면 살려 준다고 협박합니다. 역사가들의 증언으로는 그때 야고보는 자기를 죽이려고 위협하는 사람들에게 예수님이 이 땅을 창조하신 하나님이자 독생자 메시아이심을 강력하게 설교했다고 합니다. 그러자 반대자들이 야고보를 밀어 떨어뜨렸고 아래에서 기다리던 군중이 돌과 몽둥이로 그를 죽였습니다. 야고보는 그렇게 순교했습니다. 그는 1장 1절에서 자신을 이렇게 소개합니다.

"하나님과 주 예수 그리스도의 종 야고보는…"(약 1:1).

야고보는 자신을 예수님의 종이라고 칭합니다. 이것이 어찌 쉬운 일이겠습니까! 한때 자신이 형이라고 부르던 예수가 아닙니까! 어릴 때 함께 밥을 먹고, 같이 놀며, 한 이불을 덮고 자던 형이었습니다. 그래서 예수님의 공생애 기간 내내 형을 주님으로 믿지 못했습니다. 사역하시는 예수님을 미쳤다고 여기며 잡으러 다녔습니다. 그랬던 야고보가 예수님을 주인으로 모시고 자신을 그분의 종이라고 선포하는 일이 어찌 쉬웠겠습니까!

하지만 그는 서신을 시작하면서 자신을 예수 그리스도의 종이라고 소개합니다. 예수님을 하나님과 동등한 분으로 묘사하며 그분이 주님이심을 선포한 것입니다. 이것이 어떻게 가능하겠습니까? 그 이유는 오직 하나입니다. 주님이 누구신지 알았기 때문에 가능했습니다. 단지 머리로만 안 것이 아니라 성령으로 말미암아 예수님을 주님으로, 구주로 영접했기 때문입니다.

그렇습니다. 신앙에서 연조가 중요한 게 아닙니다. 모태신앙인지 아닌지도 중요하지 않습니다. 교회에 얼마나 오랫동안 출석했는지, 어떤 직분인지도 전혀 중요하지 않습니다. 목사도 마찬가지입니다. 신앙생활에서 중요한 것은 진실로 예수님을 만났는가 하는 것입니다. 오늘 야고보서를 묵상하면서 진실로 대답해 보십시오. '나는 정말로 예수님을 만났는가?'

세상 사람들이 말하는 예수, 주위 성도들이 말하는 예수가 아닙니다. 여러분은 정말로 예수님을 인격적으로 만났습니까? 여러분은 그분을 주인으로 인정합니까? 여러분의 인생과 자녀, 직업과 건강, 시간과 통장의 주인이 예수님이심을 인정합니까?

야고보서는 행함의 책입니다. 믿음이 무엇입니까? 믿음은 행함입니다. 모든 믿음의 행함은 어디에서 시작합니까? 예수님을 주인으로 고백하며, 자신이 그분의 종임을 인정하는 데서 시작합니다. 이것이 야고보서의 메시지입니다. 야고보는 혈육의 형을 넘어 예수님을 만났습니다. 어릴 때 같이 자랐지만 담대하게 예수님이 자신의 주님이시며, 자신은 그분의 종이라고 선포했습니다. 여러분에게 이러한 은혜가 임하기를 주님의 이름으로 축복합니다. 여러분, 예수님을 만나십시오. 예수님을 주인으로 인정하십시오.

2. 수신자: 흩어져 있는 열두 지파

먼저 우리는 저자에 대해 살펴보았습니다. 두 번째로 살펴볼 부분은 수

신자입니다. 야고보서의 수신자는 누구입니까? 흩어져 있는 열두 지파입니다. 1장 1절입니다.

> "하나님과 주 예수 그리스도의 종 야고보는 흩어져 있는 열두 지파에게 문안하노라"(약 1:1).

흩어져 있는 열두 지파는 누구입니까? 구약의 열두 지파를 암시합니다. 그러면 열두 지파는 이스라엘 사람을 말하는 것일까요? 꼭 그렇지는 않습니다. 문자적으로 그렇게 말할 수 있지만 이 열두 지파는 하나님을 믿는 모든 백성을 가리키는 의미로 사용되기도 합니다.

하나님을 믿는 백성이 왜 흩어져 있을까요? 도대체 이들은 누구일까요? 유대인들은 조국을 빼앗기고 쫓겨나 다른 나라에서 흩어져 살았습니다. 흩어져 살던 유대인들을 '디아스포라'라고 합니다. '디아스포라'에는 '씨를 뿌리는'이라는 의미가 있습니다. 씨가 확 흩어지는 것처럼 세계에 흩어져 살았다는 뜻입니다. 나라를 빼앗기고 흩어져 살던 유대인의 고난을 우리가 어떻게 감히 짐작할 수 있겠습니까!

우리도 나라의 주권을 일본에게 36년간 빼앗겼습니다. 하지만 이 땅에 살았습니다. 그러나 유대인은 나라도 빼앗기고 주권도 빼앗기고 다른 나라로 추방당했습니다. 그 고난은 우리 민족과 비교할 수 없을 것입니다. 그러나 흩어져 살던 유대인보다 더 심한 어려움에 처했던 사람들이 있습니다. 디아스포라 가운데 예수를 믿는 그리스도인입니다.

그들은 여느 유대인과 같이 나라를 잃고 각 나라에 흩어져 살며 설움을 당했습니다. 동시에 자신들과 함께 흩어져 살던 유대인, 즉 자기 동족에게서도 많은 고난과 핍박을 받았습니다. 왜일까요? 예수를 믿는다는 이유 때문입니다. 예수를 믿는다는 이유로 받은 고난은 말로 다 할 수 없었습니다. 타국에서 사는 것도 서러운데 동족에게까지 핍박당했습니다.

하나님은 흩어져 있는 열두 지파인 하나님의 백성, 다시 말하면 흩어져 살던 유대인 그리스도인들에게 야고보를 통해 편지를 쓰셨습니다. 야고보서에서 다루는 첫 주제는 고난과 시험입니다. 그들의 고난이 너무 컸기 때문입니다. 그러나 우리는 고난과 시험이 그들만의 문제가 아니라는 것을 압니다. 우리 가운데 고난과 시험을 당하지 않은 사람이 어디 있겠습니까? 우리 인생은 반드시 풍랑을 지나게 되어 있습니다.

사람마다 말하지 못할 마음의 아픔과 고난을 안고 살아갑니다. 고난이 올 때 우리는 어떻게 해야 합니까? 그 해답이 야고보서에 나옵니다. 인생의 가장 큰 주제인 고난의 문제를 해결하고 싶습니까? 도저히 어찌할 수 없는 인생의 풍랑을 넘어 그 풍랑 위를 걸으며 고난을 정복하고 싶습니까? 또한 고난이 올 때 주저앉는 것이 아니라 하나님의 능력으로 고난을 이기며 승리하는 삶을 살기 원합니까? 그렇다면 마음을 열고 야고보서를 통해 주시는 하나님의 말씀을 받으십시오. 하나님의 말씀에는 능력이 있습니다. 우리가 하나님의 말씀을 붙들 때, 우리 인생에 찾아오는 어떤 고난도 넉넉히 이길 수 있습니다.

3. 특징과 내용

저자와 수신자에 이어 배경을 살펴보려고 합니다. 야고보서는 네 단락으로 구성되어 있습니다. 네 단락을 염두에 두고 야고보서를 보기 바랍니다.

야고보서의 구성

① 참된 믿음은 삶에 안정감을 준다(1:1–27).

② 참된 믿음은 진정한 사랑을 낳는다(2:1–3:12).

③ 참된 믿음은 겸손을 낳는다(3:13–5:6).

④ 참된 믿음은 진정한 인내를 낳는다(5:7–20).

(1) 참된 믿음은 삶에 안정감을 준다(1:1–27)

첫째, 참된 믿음은 삶에 안정감을 준다고 말합니다. 이것이 1장의 내용입니다. 참된 믿음은 잡아당겨도 끊어지지 않고 도리어 더 끈기가 생깁니다. 야고보서는 고난이 우리의 믿음을 파괴하는 것이 아니라, 우리의 믿음을 더 깊게 한다고 말합니다. 그리고 참된 믿음은 어떤 유혹도 이기고, 어떤 환경에서도 하나님의 말씀에 올바로 반응하게 해줍니다.

우리는 안정된 삶을 위해 얼마나 노력합니까! 많은 사람이 안정된 삶을 위해 신기루 같은 것을 좇아갑니다. 환경이 바뀌면 자신의 삶이 안정될 거라고 말합니다. 실제로 그렇게 생각합니다. 그러나 그것은 속임수에 불과합니다. 이 세상의 어떤 것도 우리에게 안정감을 줄 수 없습니다. 여러분의 자녀에게 삶의 안정감을 심어 주기 원합니까? 그렇다면 야고보서 말씀을 굳게 붙들기 바랍니다.

우리가 하나님의 말씀인 야고보서를 마음으로 받을 때 하나님이 주시는 샬롬, 즉 하늘로부터 내려오는 평화가 우리 삶을 덮을 것입니다. 야고보서의 첫째 주제는 바로 안정감입니다.

(2) 참된 믿음은 진정한 사랑을 낳는다(2:1-3:12)

둘째, 참된 믿음은 우리의 삶에 사랑을 가져다준다고 말합니다. 참된 믿음이 있으면, 사람과의 관계가 달라집니다. 배우자와의 관계가 달라지고, 자녀와의 관계가 달라집니다. 주위 사람과의 관계, 직장 동료와의 관계, 교인 간의 관계, 이웃 간의 관계가 달라집니다.

어떤 삶이 가장 행복할까요? 어떤 사람은 돈이 부족하고 지위가 낮아도 늘 얼굴에 환한 웃음꽃이 피어 있습니다. 많은 사람이 그를 찾습니다. 성경은 이런 삶이 가능하다고 말합니다. 그 해답이 야고보서에 나옵니다. 우리가 참되게 믿고 그 믿음대로 행할 때, 사랑의 사람이 됩니다.

사람의 믿음은 삶 속에 그대로 드러납니다. 참된 믿음이 있는 사람은 가는 곳마다 평화를 심고, 자신과 화평하며, 다른 사람에게 복음을 전합니다. 모든 사람이 그를 사랑합니다. 훗날 자손들이 우리 아버지, 어머니, 할아버지, 할머니는 참으로 복을 받은 사람이라고 기억할 것입니다.

(3) 참된 믿음은 겸손을 낳는다(3:13-5:6)

참된 믿음은 안정감을 가져다주고, 우리 삶에 사랑을 낳습니다. 그뿐 아니라 참된 믿음은 우리 삶에 겸손을 낳습니다. 누가 참된 믿음을 가진 사람입니까? 세속적 야망을 따라 살지 않고, 천국의 지혜를 배우는 사람입니다. 물질이 있든지 없든지, 많이 배웠든지 못 배웠든지 세속적인 것에 사로잡히지 않고 하나님 앞에 겸손하게 살아가는 사람입니다. 그는 이 세상을 다스립니다. 고난과 풍파를 다스리며, 물질의 유혹과 정욕도 다스리고, 세상의 가치관도 다스립니다.

(4) 참된 믿음은 진정한 인내를 낳는다(5:7-20)

마지막으로 참된 믿음은 무엇을 가져옵니까? 우리 삶에 진정한 인내를 가져옵니다. 오늘날 인내가 사라지고 있습니다. 조금만 어려운 문제가 생기면 관계를 끝내 버립니다. 또 조금만 어려우면 그냥 뛰쳐나가 버립니다. 그래서 성령의 열매가 없는 것입니다. 그렇다면 어떻게 인내할 수 있습니까? 하나님은 야고보서를 통해 그 길을 말씀하십니다.

과거에 어떤 신학자들은 야고보서를 경시하거나 매우 싫어했습니다. 심지어 마르틴 루터는 야고보서를 '지푸라기 서신'이라고 불렀습니다. 야고보서의 내용이 윤리적이기만 하고 복음이 없다고 생각했기 때문입니다. 그것은 오해입니다. 어떤 사람들은 야고보서에 '예수'라는 단어가 두 번밖에 안 나오는데 어떻게 그런 서신서로 예수님을 마음에 모실 수 있느냐고 항변합니다.

그러나 신학자 뱅겔(Bengel)은 이 문제에 명쾌하게 대답합니다. "야고보가 '예수'라는 단어를 사용하지 않은 것은 예수님을 중요하지 않게 생각해서가 아니라 예수님의 친동생이었기 때문이다. 모든 사람이, 특히 교인들이 자신이 예수님의 친동생임을 아는 상황에서 예수라는 이름을 사용하면 덩달아 자기 이름이 높아질 것을 우려했기 때문이다." 저는 뱅겔의 해석에 동의합니다. 예수님의 이름을 드러내면서 자기 이름이 드러나는 것을 피하기 위해 예수라는 단어를 의도적으로 사용하지 않았다고 생각합니다.

야고보서는 예수라는 단어를 사용하지 않지만 그 어느 책보다 예수님의 말씀을 많이 인용합니다. 야고보서의 내용은 복음서와 아주 비슷합니다. 야고보는 복음서의 내용을 무려 스물일곱 군데나 인용하고 있습니다. 이것은 야고보서 전체 내용의 25퍼센트, 즉 4분의 1에 해당하는 분량입니다.

많은 사람이 야고보서는 행함의 책이므로 그 내용이 복음과는 반대된다고 생각합니다. 하지만 이것은 오해에 불과합니다. 야고보서의 주제가 무엇입니까? 참된 믿음은 진실한 행위를 낳는다는 것입니다. 다시 말하면, 예수님을 구주로 영접한 사람의 믿음은 그 행위가 삶으로 나타나야 한다는 것입니다. 단순히 로마서는 복음과 은혜를 가르치고, 야고보서는 행함을 가르치니까 서로 반대된다고 생각해서는 안 됩니다. 오히려 두 책은 대치되지 않고, 서로를 돕는 짝입니다.

우리는 무엇으로 구원받습니까? 오직 믿음으로 구원받습니다. 그러면 은혜로 구원받은 사람은 어떻게 살아야 합니까? 믿음으로 행하며 살아야 합니다. 그래서 야고보서와 로마서는 짝입니다. 행함이 없는 믿음은 가짜입니다. 어떤 사람이 오직 믿음으로 구원받았는지, 하나님의 은혜로 구원받았는지 어떻게 알 수 있습니까? 그의 삶을 보면 됩니다. 삶이 변화되지 않는 구원과 은혜는 가짜입니다.

여러분의 믿음이 진짜인지 알고 싶습니까? 저는 종종 성도들을 위해 기도합니다. 이제 성도가 많아져서 각 사람에게 많이 집중할 수 없습니다. 때로는 교회 요람과 사진을 보고 기도하기도 합니다. 그럴 때 큰 부담으로 남는 얼굴들이 있습니다. 죄송한 말이지만, 우리 교회에 오래 다녔는데도 믿음이 있는지 의심되는 사람들이 있습니다. 교회에 오래 다녀도 참된 믿음이 없을 수 있습니다. 오랫동안 교회에 다녀서 자신을 신자로 생각하지만, 사실은 하나님과 아무 상관없이 종교생활을 하고 있는 것은 아닌지 자신을 돌아보기 바랍니다.

마지막 날 심판 때 양과 염소로 나뉩니다. 주님은 염소 무리에 "나를 떠나가라"고 말씀합니다. 그러자 그들이 항변합니다. 자신들은 주의 이름으로 선지자 노릇하고 주의 이름으로 귀신을 쫓아내며 주의 이름으로 능력을 행했다고 말합니다. 그러자 주님이 말씀하십니다. "불법을 행하는 자들아, 내게서 떠나가라! 내가 너희를 도무지 알지 못하는도다." 한국 교회에 이러한 사람이 얼마나 많은지 모릅니다.

모태신앙이 중요한 것이 아닙니다. 교회에 얼마나 오래 출석했는지도 중요하지 않습니다. 그러면 무엇이 중요합니까? 하나님이 인정하시는 참된 믿음이 있는지가 중요합니다. 이것이 야고보서의 내용입니다. 저는 야고보서 강해를 준비하면서 이렇게 기도했습니다. "주님, 은혜를 베풀어 주옵소서. 저는 이 말씀을 감당할 수 없습니다. 그러나 주님께서 은혜를 베푸시고 성령님께서 우리 교회를 덮으시면, 제가 야고보서를 강해하는 동안 우리가 참된 믿음을 갖게 될 줄 믿습니다."

이제 우리가 할 일은 하나님의 말씀에 마음을 여는 것입니다. 여러분, 이렇게 기도하기 바랍니다. "하나님, 제 믿음을 살펴보려고 합니다. 제 삶에 안정감을 갖고, 타인과 진정한 사랑을 주고받으며, 겸손하게 인내하는 복된 삶을 살기 원합니다." 우리가 이렇게 마음을 열고 은혜를 구하면 하나님께서 참된 믿음을 주실 줄 믿습니다. 이 놀라운 은혜를 누리는 여러분이 되기를 주의 이름으로 축복합니다.

2장

인생의 시련, 어떻게 극복할 것인가?

야고보서 1:2-12

2내 형제들아 너희가 여러 가지 시험을 당하거든 온전히 기쁘게 여기라 3이는
너희 믿음의 시련이 인내를 만들어 내는 줄 너희가 앎이라 4인내를 온전히 이
루라 이는 너희로 온전하고 구비하여 조금도 부족함이 없게 하려 함이라 5너
희 중에 누구든지 지혜가 부족하거든 모든 사람에게 후히 주시고 꾸짖지 아니
하시는 하나님께 구하라 그리하면 주시리라 6오직 믿음으로 구하고 조금도
의심하지 말라 의심하는 자는 마치 바람에 밀려 요동하는 바다 물결 같으니
7이런 사람은 무엇이든지 주께 얻기를 생각하지 말라 8두 마음을 품어 모든 일
에 정함이 없는 자로다 9낮은 형제는 자기의 높음을 자랑하고 10부한 자는 자
기의 낮아짐을 자랑할지니 이는 그가 풀의 꽃과 같이 지나감이라 11해가 돋고
뜨거운 바람이 불어 풀을 말리면 꽃이 떨어져 그 모양의 아름다움이 없어지나
니 부한 자도 그 행하는 일에 이와 같이 쇠잔하리라 12시험을 참는 자는 복이
있나니 이는 시련을 견디어 낸 자가 주께서 자기를 사랑하는 자들에게 약속
하신 생명의 면류관을 얻을 것이기 때문이라.

불협화음을 내는 관현악단의 연주를 들어 본 적이 있습니까? 실력이 안되는 관현악단을 지휘한다고 생각해 보십시오. 한 사람이 계속 틀립니다. 자비로운 마음으로 가르치면서 때로는 야단도 치고 권면하여 몇 달간의 노력 끝에 겨우 연주를 할 수 있게 되었습니다. 시간이 흘러 이제는 제법 뭔가를 할 수 있을 것 같습니다. 그래서 이번에는 약간 어려운 곡을 연주하는데 저쪽에서 삑 하는 소리가 납니다. 이런 일이 반복되면 힘이 빠지고 포기하게 됩니다. 이것이 바로 우리 인생입니다.

우리 모두가 인생에서 즐거운 연주를 하기 원하지만, 인생에는 상처와 아픔, 문제와 고통, 질병이 끊이지 않습니다. 아름다운 연주를 하려고 아무리 열심히 지휘해도 시끄러운 소리를 내는 불협화음이 우리를 끊임없이 괴롭힙니다. 이러한 고난 때문에 하나님의 선하심과 인생의 목적에 종종 의구심이 생깁니다.

수천 년 동안 신학자들은 선하신 하나님과 그분이 만드신 이 세상에 존재하는 악과 고통의 부조리와 부조화로 고민해 왔습니다. 그러나 누구 하나 시원한 해답을 내놓지 못했습니다. 과학자들은 인류의 고통을 줄이려고 필사적으로 노력했지만 지금까지 고통은 줄어들지 않았습니다. 결국 기다림에 지친 많은 사람이 전혀 도움이 되지 않는 줄 알면서도 일시적인 방법에 자신을 내던졌습니다.

일찌감치 포기한 사람들은 술과 마약, 유흥에 자신을 내던졌습니다. 그들보다 좀 성실한 사람들은 분주함과 일, 교육과 취미 생활에 몰두했습니다. 그리고 좀 더 진지한 사람들은 종교적인 수행에 몰두하기 시작했습니다. 그러나 우리가 잘 알듯이, 그런 것들은 일시적인 도피 수단일 뿐 홍수처럼 밀어닥치는 인생의 시련에는 아무 도움이 되지 못합니다. 모든 인류는 고난 앞에 무너져 내렸습니다. 그것이 우리의 인생입니다. 우리는 끊임없는 인생의 불협화음에 괴로워하고 눈물을 흘리며 살아갑니다.

인생의 고난과 시련을 어떻게 해결할 수 있습니까? 하나님은 야고보서에서 인생 최대의 난제인 시련을 말씀합니다. 보통 편지를 쓸 때는 부드럽게 시작해서 강한 내용으로 나아가는데 야고보서는 그렇지 않습니다. 첫 장을 열자마자 시련에 대해 이야기합니다.

우리는 앞서 야고보서의 배경을 살펴보았습니다. 믿는 자 가운데 수많은 사람이, 즉 흩어져 있는 열두 지파가 참혹한 고난을 당하고 있었습니다. 오늘날을 살아가는 우리처럼 그들도 고난의 문제로 고민했습니다. 하나님은 우리가 고난과 시험을 어떻게 해결할 수 있는지 말씀해 주십니다.

1. 시련에 대한 올바른 이해

인생의 고난을 어떻게 해결할 수 있을까요? 하나님은 오늘 본문을 통해 명확하게 말씀합니다. 인생의 고난을 올바르게 극복하려면 무엇보다 "시련에 대해 올바로 이해해야 한다"고 말씀합니다.

(1) 시련은 피할 수 없다

하나님은 우리 인생에서 시련은 피할 수 없는 것이라고 말씀합니다. 1장 2절은 이렇게 말씀합니다.

> "내 형제들아 너희가 여러 가지 시험을 당하거든"(약 1:2).

한국어 성경으로 보면 '시련을 당할 수도 있고 당하지 않을 수도 있다'로 읽을 수 있습니다. 즉 오해의 소지가 있습니다. 그러나 헬라어 원문에는, "너희가 시험을 당할 때에"라고 되어 있습니다. 시련은 우리 인생에 올 수도 있고 안 올 수도 있는 선택 사항이 아니라 우리가 이 땅을 살아가는 동안 반드시 오는 것입니다.

그래서 "너희가 여러 가지 시험을 당하거든"이라는 말씀을 올바로 이해하는 것이 중요합니다. 여기에서 '시험'이라는 단어는 '시련'을 의미합니다. 우리 인생에서 시련은 죽음처럼 피할 수 없는 것입니다. 시련은 반드시 찾아옵니다. 아무리 믿음이 좋고 기도를 열심히 해도 시련은 찾아옵니다. 그러므로 우리는 이 땅을 사는 동안 시련이 오리란 예상을 해야 합니다. 물론 어떤 형태로 올지는 알 수 없시만 시련은 반드시 올 것입니다.

(2) 시련은 우리의 믿음을 성숙하게 한다

시련은 우리의 믿음을 성숙하게 합니다. 우리는 시련이 반드시 오고, 그것이 우리 믿음을 성숙하게 한다는 사실을 명확하게 인식해야 합니다. 1장 3-4절은 이렇게 말씀합니다.

> "이는 너희 믿음의 시련이 인내를 만들어 내는 줄 너희가 앎이라 인내를 온전히 이루라 이는 너희로 온전하고 구비하여 조금도 부족함이 없게 하려 함이라"(약 1:3-4).

구원받은 우리에게 왜 시련이 올까요? 하나님은 왜 사랑하는 백성, 자녀에게 시련을 주실까요? 오늘 본문은 인내를 가르치기 위해서라고 말씀합니다. 그러면 왜 우리에게 인내가 필요할까요? 인내 없이는 아무도 온전해질 수 없기 때문입니다. 로마서 5장 3-4절은 이렇게 말씀합니다.

> "우리가 환난 중에도 즐거워하나니 이는 환난은 인내를, 인내는 연단을, 연단은 소망을 이루는 줄 앎이로다"(롬 5:3-4).

한 사람이 간절하게 소망하는 것이 무엇인지를 보면, 그의 신앙과 성품에 대해 알 수 있습니다. 우리는 어떻게 이 세상 것이 아니라 하나님이 주신 참된 것을 소망하고 바라며 살 수 있을까요? 그 방법은 오직 하나입니다. 시련을 통해 인내를 배우는 것입니다. 우리의 성품이 어떻게 온전히 구비하여 부족함이 없는 그리스도의 형상까지 이를 수 있을까요? 그 방법은 오직 하나입니다. 시련을 통해 인내를 배우는 것입니다.

믿음의 공식은 간단합니다. 시련을 감내하면 인내를 배우게 되고, 인내가 생기면 성품이 비로소 온전해집니다. 하나님이 사용하신 성경의 인물들을 보십시오. 그중 인내의 학교를 졸업하지 않은 사람이 있습니까? 아무도 없습니다.

믿음의 조상 아브라함은 어떻습니까? 그는 75세에 하나님께 부름을 받았습니다. 아들을 주시겠다는 약속을 받았지만 100세가 되어서, 즉 25년이 지나서야 겨우 아들을 하나 얻었을 뿐입니다. 모세는 어떻습니까? 40세에 하나님을 위해 일하려고 일어섰습니다. 그러나 한 사람을 죽인 것밖에는 아무것도 이룬 것이 없었습니다. 그는 인생의 꽃봉오리

같은 40년 세월을 광야로 가서 보내야 했습니다. 요셉은 어떻습니까? 그는 이집트 총리가 되기 전까지 형제들에 의해 노예로 팔리고 25년간 억울한 누명을 쓰고 감옥살이를 해야 했습니다.

우리가 하나님의 성품을 닮아 가려면 시련의 학교, 인내의 학교를 거쳐야 합니다. 이것이 바로 하나님이 우리에게 시련을 주시는 이유입니다. 그러면 우리는 어떻게 인내를 배울 수 있습니까? 설교를 열심히 들으면 될까요? 날마다 기독교 방송을 들으면 될까요? 기도를 많이 하면 될까요? 찬양을 하고 예배를 드리면 될까요? 아닙니다. 우리가 인내를 배울 수 있는 방법은 오직 하나입니다. 시련을 통과하는 것입니다. 욥은 엄청난 고난을 통해 이 진리를 깨닫고 마침내 이렇게 고백합니다.

> "그러나 내가 가는 길을 그가 아시나니 그가 나를 단련하신 후에는 내가 순금같이 되어 나오리라"(욥 23:10).

'단련하다'는 단어는 금을 제련할 때 사용하는 용어입니다. 순금을 어떻게 뽑아냅니까? 금이 잔뜩 섞인 돌들을 용광로에 쏟아붓습니다. 돌들이 뜨거운 용광로에 녹아 불순물이 제거된 후에야 순금이 나옵니다. 욥은 자신의 체험을 토대로 이 얘기를 하고 있는 것입니다.

뜨거운 용광로를 거치지 않고는 순금을 만들 방법이 없습니다. 마찬가지로 시련의 학교를 거치지 않고 믿음의 인내를 배울 수 없습니다. 그리스도인은 시련을 당할 때 '왜 이렇게 재수 없는 일이 생겼나' 하고 생각하면 안 됩니다. 믿음의 시련이 우리의 성품과 믿음을 온전하게 해준다는 사실을 깨달아야 합니다.

우리는 시련이 오면 어떻게 해야 합니까? '아, 올 것이 왔구나! 내가 인내의 학교에 입학했구나. 하나님이 나를 대학원에 입학시키시는구나' 하고 생각해야 합니다. 우리가 시련을 극복하려면, 먼저 시련을 올바로 이해해야 합니다.

2. 시련에 대한 올바른 태도

하나님은 인생의 고난을 올바르게 극복하려면 '올바른 태도로 시련을 대해야 한다'고 말씀합니다. 1장 2절은 이렇게 말씀합니다.

> "내 형제들아 너희가 여러 가지 시험을 당하거든 온전히 기쁘게 여기라" (약 1:2).

이 말씀은 명령입니다. "기쁘게 여기라"는 명령을 지키는 것도 어려운데, "온전히 기쁘게 여기라"고 명령합니다. 신앙생활은 절대 쉽지 않습니다. 하나님을 따르는 일은 세상 논리대로 되지 않습니다. 그러면 우리는 어떻게 시련을 온전히 기쁘게 여길 수 있을까요?

(1) 시련을 재평가하라

'여기다'라는 단어에 비밀이 감춰져 있습니다. 사실 이 단어는 경제 용어로 '평가하다'는 말과 같습니다. 즉 시련에 대한 평가를 다시 하는데, 시련을 기쁘게 평가하라는 말입니다.

사도 바울은 빌립보에서 그리스도를 만난 뒤, 자신의 인생을 재평가하기 시작했습니다. 빌립보서 3장 7–8절은 이렇게 말씀합니다.

> "그러나 무엇이든지 내게 유익하던 것을 내가 그리스도를 위하여 다 해로 여길뿐더러 또한 모든 것을 해로 여김은 내 주 그리스도 예수를 아는 지식이 가장 고상하기 때문이라 내가 그를 위하여 모든 것을 잃어버리고 배설물로 여김은…"(빌 3:7–8).

예수님을 믿기 전에 사도 바울은 세상의 명예와 돈, 권력을 전부로 여겼습니다. 하지만 예수님을 믿고 나서는 이 모든 것을 배설물로 여겼습니다. 그렇게 작정하고 평가했다고 성경은 말씀합니다.

믿음이란 무엇입니까? 재평가입니다. 재평가를 하지 않은 사람은 믿음이 없는 것입니다. 예수님은 재평가에 대해 이런 비유를 들어 설명하셨습니다. 어느 날 밭을 갈다가 우연히 보물을 발견한 사람이 어떻게 했겠느냐고 물으십니다. 그러고는 이렇게 대답하셨습니다. "돌아가서 자기의 소유를 다 팔아 그 밭을 사느니라." 이 말은 무슨 뜻입니까? 재평가를 했다는 말입니다.

믿음의 사람은 시련이 올 때 그 시련을 믿지 않는 사람과 다르게 평가해야 합니다. 어떻게 평가해야 합니까? 시련을 기뻐해야 합니다! 왜 그래야 합니까? 시련이 믿음을 더 깊어지게 한다는 사실을 알기 때문입니다. 그러나 이 사실을 안다 해도 기뻐하기란 쉽지 않습니다. 시련이 올 때 우리는 어떻게 기뻐할 수 있습니까? 아마 작은 시련은 기뻐할 수 있을 것입니다. 하지만 암에 걸렸는데 기뻐할 수 있습니까? 웃을 수 있습니까? 아마 기뻐한다면 가족들이 정신병원으로 데려갈 것입니다. 아무리 믿음이 좋은 사람이라도 시련이 오면 여러 가지 반응을 보입니다. 먼저 낙망하고 근심하며 불안해합니다. 원망이 생기고 때로는 분노합니다. 섭섭한 마음도 생깁니다. '하나님, 어떻게 이럴 수 있습니까?' 하며 서운한 마음이 듭니다.

(2) 기쁨이 마음을 주도하게 하라

그런데 '여기다'는 단어에 또 다른 의미가 있습니다. 이 단어는 헬라어로 '헤게오마이'(hēgeomai)라고 합니다. 우리가 잘 아는 단어 '헤게모니'가 '헤게오마이'에서 유래되었습니다. '헤게모니'는 주도권입니다. 그러므로 '여기다'에는 '주도하다'는 뜻도 있습니다. 평가할 뿐만 아니라 주도합니다. 시련이 올 때 온전히 기쁘게 여기라는 말씀입니다. 고난이 오면 근심과 불안, 원망과 분노가 생깁니다. 그런 감정이 몰려오는 것이 정상입니다. 그것을 이상하게 생각할 것 없습니다. 고난당했을 때 근심이 생기고 불안해지는 것은 당연합니다.

그러나 마음의 수많은 반응 가운데 무엇이 우리를 주도하게 해야 합니까? 기쁨이 우리를 주도하게 해야 합니다. 그렇게 할 수 있습니다. 화산이 폭발하듯 솟아오르는 감정을 말씀과 기도로 가라앉혀야 합니다. 수많은 감정이 불쑥불쑥 솟구치지만 기쁨이 주도하게 만들어야 합니다. 하나님은 시련을 당할 때 온전히 기쁘게 여기고 시련을 재평가하고, 기쁨이 마음을 주도하게 하라고 명령하십니다.

우리는 시련으로 성숙한 믿음을 갖추게 된 사람들에게서 이러한 삶의 모습을 봅니다. 그들은 아이를 잃은 혹독한 슬픔 가운데서도 마침내 마음의 풍랑을 잠재우고 이렇게 고백합니다. "당신이 주시고 당신이 데려가셨으니 주님의 이름을 찬양합니다." 정말 어려운 고백이 아닐 수 없습니다! 그러나 저는 우리 성도들이 그렇게 고백하는 것을 보았습니다.

직장을 잃고 나서 믿음의 인내를 배운 사람은 저녁에 함께 둘러앉은 가족에게 이렇게 말합니다. "지금까지 공급해 주신 주님의 은혜에 감사하자." 실직을 당하지 않은 사람은 그 고난의 의미를 모릅니다. 그러나 믿음이 성숙한 사람은 마침내 이렇게 고백합니다. "지금까지 은혜를 주신 하나님께 감사하자. 그리고 주님만 의지할 기회를 주신 그분께 감사하자." 이것이 바로 시련을 대하는 태도여야 합니다. 고난 가운데서도 기쁨이 여러분을 주도하기를 주의 이름으로 축복합니다.

우리 교회에 이런 분들이 얼마나 많은지 모릅니다. 암에 걸리고, 재산과 자녀를 잃고, 수많은 고난 가운데 있는데도 기쁨을 잃어버리지 않았습니다. 한동안 침체되긴 했었지만 결국에는 기쁨이 주관하는 인생을 선택했습니다.

시련을 이기려면 시련을 올바로 이해해야 합니다. 시련은 당연히 오는 것이고, 우리의 믿음이 좋은지 나쁜지와 상관없습니다. 그리고 시련은 우리의 믿음을 성숙하게 합니다. 그러므로 시련이 올 때 우리는 온전히 기쁘게 재평가하고 기쁨이 우리를 주도하게 해야 합니다.

3. 시련에 대한 올바른 해결

하나님은 시련에 대한 올바른 이해와 태도뿐 아니라 '시련에 대한 올바른 해결'을 말씀하십니다. 우리 인생에 찾아온 시련을 어떻게 해결할 수 있습니까? 하나님은 세 가지 요점을 말씀합니다.

(1) 지혜를 구하라

첫째 지혜를 구하라고 하셨습니다. 우리 인생에 햇살이 비치고 날씨가 맑을 때는 저절로 콧노래가 나옵니다. 그러나 하늘이 깜깜해지고 거센 고난의 풍랑이 몰아칠 때는 하나님 아버지를 찬양하기 어렵습니다. 시련을 당할 때 어떻게 해야 할까요? 먼저 하나님께 지혜를 구해야 합니다.

구원받은 자녀라고 확신해도 왜 우리는 종종 시련에 압도당할까요? 왜 시험만 오면 주저앉을까요? 열심히 주님을 섬기는데도 왜 고난 앞에 무릎을 꿇을까요? 우리에게 지혜가 부족하기 때문입니다. 성경이 말하는 지혜는, 하나님의 관점으로 인생을 보는 능력입니다. 야고보는 이렇게 권면합니다.

> "너희 중에 누구든지 지혜가 부족하거든 모든 사람에게 후히 주시고 꾸짖지 아니하시는 하나님께 구하라 그리하면 주시리라"(약 1:5).

그렇습니다. 고난이 닥칠 때 삶의 통찰력이 필요합니다. 하나님께 지혜를 구하는 가장 좋은 방법은 기도와 함께 말씀을 묵상하는 것입니다. 말씀과 기도는 동전의 양면처럼 분리될 수 없습니다. 성경은 우리에게 하나님의 지혜를 가르칩니다. 우리는 성경을 암송하고 묵상하며 통째로 소화해야 합니다. 하나님의 지혜가 들어 있기 때문입니다.

그러므로 앞으로 다가올 시련을 대비하여 하나님의 말씀을 읽으며 주님의 지혜를 마음에 새기십시오. 시련이 오면 하나님의 지혜를 구해야 합니다. "하나님, 이 고난을 이해할 수 있는 눈을 열어 주세요. 이 고난 너머에 있는 천국의 세계를 볼 수 있는 지혜를 주세요." 이처럼 우리는 이 세상을 살면서 하나님의 지혜를 구해야 합니다.

(2) 믿음으로 반응하라

둘째 고난과 시련이 올 때 믿음으로 반응하라고 하셨습니다. 야고보서 1장 6-8절은 이렇게 말씀합니다.

> "오직 믿음으로 구하고 조금도 의심하지 말라 의심하는 자는 마치 바람에 밀려 요동하는 바다 물결 같으니 이런 사람은 무엇이든지 주께 얻기를 생각하지 말라 두 마음을 품어 모든 일에 정함이 없는 자로다"(약 1:6-8).

믿음의 반대는 의심입니다. 야고보는 믿음이 없어서 의심하는 사람을 바다 물결에 비유합니다. 바다 물결이 얼마나 자주 칩니까. 야고보는 마음에서 일어나는 물결, 즉 뿌리 깊은 의심을 '두 마음을 품은 것'이라고 표현했습니다.

그런데 학자들이 신기한 사실을 발견했습니다. '두 마음을 품은 자'라는 헬라어 단어 '딥시코우스'(dipsychos)는 그 당시 어떤 문헌에도 발견되지 않았다고 합니다. 그래서 학자들은 야고보가 이 단어를 최초로 사용했다고 말합니다. 야고보가 이 단어를 만들었다고 주장하는 학자도 있습니다. 일리 있는 말입니다. 다른 문헌에는 발견되지 않기 때문입니다. 야고보가 이 단어를 만들었다면, 그가 이 단어를 해석하게 하는 것이 옳을 것입니다. '두 마음을 품은 자'라는 단어가 4장 8절에도 나옵니다.

> "하나님을 가까이하라 그리하면 너희를 가까이하시리라 죄인들아 손을 깨끗이 하라 두 마음을 품은 자들아 마음을 성결하게 하라"(약 4:8).

누가 죄인입니까? 두 마음을 품은 자입니다. 그러면 손을 깨끗이 하는 것은 무엇일까요? 마음을 성결하게 하는 것을 말합니다. 사람들이 오해할까 봐 히브리 문법으로 반복하여 말합니다. 그러면 두 마음을 품은 것은 무엇일까요? 바로 우리의 불순한 속마음을 가리킵니다. 시련이 올 때 우리가 승리하지 못하는 이유가 무엇일까요? 우리가 두 마음을 품기 때문입니다. 불순한 마음을 갖기 때문입니다. 다시 말하면, 하나님의 뜻과 자신의 뜻을 동시에 원하기 때문입니다. 세상도 갖고 싶고 하나님이 주시는 복도 갖고 싶은 두 마음을 품는 것입니다.

아프리카의 한 부족이 원숭이를 사냥할 때 사용하는 방법이 있습니다. 아주 간단합니다. 무거운 항아리 안에 바나나를 넣어 둡니다. 그러면 원숭이가 어떻게 할까요? 항아리에 팔을 쑥 집어넣어 바나나를 잡고 뛰어가려고 합니다. 그런데 항아리 입구가 좁아서 바나나를 뺄 수가 없습니다. 바나나를 놓고 도망가면 되는데 주먹을 쥐고 있다가 잡히고 맙니다. 항아리가 무거우니 어떻게 도망가겠습니까!

이것이 바로 두 마음을 품은 그리스도인의 모습입니다. 분명히 입술로는 구원을 받았다고 말하는데 마음속 깊은 곳을 들여다보면 자신의 뜻을 포기하지 않은 그리스도인이 얼마나 많은지 모릅니다. 목회를 하면서 그런 사람을 많이 봅니다. 믿음이 대단한 것 같은 사람을 가까이 가서 보면 자기 뜻이 그대로 살아 있는 경우가 많습니다. 인생의 중요한 순간마다 자기 뜻이 나옵니다.

결혼이나 자녀 문제 등 인생의 중요한 순간마다 하나님 앞에 손을 꽉 움켜쥐고 있습니다. 십자가 앞에 손을 편 적이 없습니다. 자기 욕심을 꽉 붙잡고 있는 것입니다. 그런데 이렇게 두 마음을 품은 사람은 어떻게 될까요? 이러한 사람은 하나님을 믿는 것처럼 보이지만 시련이 오면 금방 무너지고 맙니다. "무엇이든지 주께 얻기를 생각하지 말라." 이 얼마나 강력한 말씀입니까.

지금 시련을 겪고 있다면 오늘부터 작정하십시오. 시련이 오면 하나님이 인내의 학교에 입학시킨 줄로 여기십시오. 자신의 인간적인 뜻을 포기하고 움켜쥔 손을 펴십시오. 하나님이 원치 않는 것은 모두 다 떠나보내십시오.

시련이 올수록 움켜쥐고 있던 것을 다 놓으십시오. '내 자녀를 마음대로 할 수 없구나.' '내 돈을 붙들 수 없구나' 하고 놓으십시오. 세월이 지날수록 자기 것을 놓는 사람이 있는 반면, 악착같이 자기 것을 붙드는 사람이 있습니다. 이렇게 붙드는 사람은 불쌍합니다. 시련 앞에 날마다 무너지고 성품이 괴팍해집니다. 그래서 얼굴이 딱딱하게 굳습니다.

(3) 올바른 가치관을 정립하라

하나님은 시련을 극복하려면 지혜를 구하고, 믿음으로 반응하며, '올바른 가치관'을 정립하라고 말씀합니다. 시련을 극복하려면 세상의 가치관을 버려야 합니다. 이것은 두 마음을 품은 자와 연관되어 있습니다. 그래서 야고보는 이렇게 권면합니다.

"낮은 형제는 자기의 높음을 자랑하고 부한 자는 자기의 낮아짐을 자랑할지니 이는 그가 풀의 꽃과 같이 지나감이라 해가 돋고 뜨거운 바람이 불어 풀을 말리면 꽃이 떨어져 그 모양의 아름다움이 없어지나니 부한 자도 그 행하는 일에 이와 같이 쇠잔하리라"(약 1:9-11).

이 땅의 부와 지위는 일시적인 것에 불과합니다. 마치 풀과 같습니다. 아무리 교회 생활을 열심히 하는 사람이라도 풀의 꽃과 같이 지나갈 것을 바라보고 산다면 쇠잔해질 것입니다. 오랫동안 신앙생활을 하고, 모태신앙이고, 믿음의 가문이라도 가치관이 바르지 않으면 쇠잔해질 수 있습니다. 그러면 우리는 무엇을 바라보며 살아야 합니까? 야고보는 12절에서 이런 결론을 내립니다.

"시험을 참는 자는 복이 있나니 이는 시련을 견디어 낸 자가 주께서 자기를 사랑하는 자들에게 약속하신 생명의 면류관을 얻을 것이기 때문이라"(약 1:12).

우리는 주님을 사랑하는 자들에게 약속하신 생명의 면류관을 바라보며 살아야 합니다. 생명의 면류관은 누가 받습니까? 인생에 찾아오는 시련을 잘 견딘 사람입니다. 다시 말하면, 시련이 올 때 믿음으로 반응하는 사람에게 생명의 면류관을 주십니다. 우리는 천국에서 하나님께 면류관을 받을 뿐 아니라, 이 땅에서도 생명의 면류관을 받습니다.

지금까지 우리는 야고보서로 인생의 가장 큰 난제인 고난과 시련에 대해 주님이 하시는 말씀을 들었습니다. 시련을 다른 관점으로 보게 되었습니까? 시련은 피할 수 없으며, 우리의 믿음을 성숙하게 하는 것입니다. 그러므로 시련이 올 때 우리는 시련을 재평가하고 의지를 발휘해 기뻐하기로 결단해야 합니다.

또한 시련이 올 때 하나님께 지혜를 구하고, 이 시련을 통과하면 주님이 생명의 면류관을 주실 것을 바라보며 믿음으로 반응해야 합니다. 두 마음이 아닌 한마음으로 주님께 나아가고, 주님을 사랑하는 자들에게 복 주시기 위해 시련을 주셨다는 것을 믿으십시오. 시련을 겪으면서 믿음의 인내를 배우면 생명의 면류관을 받을 것입니다. 할렐루야!

3장

참된 믿음은 유혹을 이긴다

야고보서 1:13-18

13사람이 시험을 받을 때에 내가 하나님께 시험을 받는다 하지 말지니 하나
님은 악에게 시험을 받지도 아니하시고 친히 아무도 시험하지 아니하시느니
라 14오직 각 사람이 시험을 받는 것은 자기 욕심에 끌려 미혹됨이니 15욕심이
잉태한즉 죄를 낳고 죄가 장성한즉 사망을 낳느니라 16내 사랑하는 형제들아
속지 말라 17온갖 좋은 은사와 온전한 선물이 다 위로부터 빛들의 아버지께로
부터 내려오나니 그는 변함도 없으시고 회전하는 그림자도 없으시니라 18그
가 그 피조물 중에 우리로 한 첫 열매가 되게 하시려고 자기의 뜻을 따라 진리
의 말씀으로 우리를 낳으셨느니라.

마약 복용 혐의로 미국 댈러스에서 3년형을 선고받고 2년째 형을 사는 한 형제가 있었습니다. 감옥에서 회심한 그 형제가 신앙생활을 얼

마나 열심히 했는지 모릅니다. 원래 신앙생활을 한 형제였고, 모두가 인정하는 모범수였습니다. 그래서 판사는 누군가 보증을 서 주면 가석방해 주겠다는 결정을 내렸습니다.

그 소식을 들은 한 사람이 제게 연락을 했습니다. 그래서 제가 그 형제를 몇 번 만나 보았습니다. 그는 정말 단호하게 자기 결심을 얘기했습니다. 성경도 많이 읽고 기도 생활도 열심히 하고 있었습니다. 결국 제가 갈 곳이 없는 그 형제를 우리 집에 데려왔습니다. 우리 아이들이 아직 어릴 때였습니다. 그런데 그 형제가 우리 집에 온 지 한 달도 되지 않아 다시 마약에 손을 대기 시작했습니다. 결국 경찰에 쫓겨 도망갔습니다. 그는 목회자의 아들이었습니다.

도대체 유혹은 어디에서 오는 것일까요? 무엇이 우리를 유혹에 넘어지게 하는 것일까요? 신앙생활을 하든 그렇지 않든 수많은 사람이 유혹에 넘어져 자신의 인생을 망칩니다. 이 세상을 살아가면서 유혹을 당하지 않은 사람은 아무도 없을 것입니다. 그러면 유혹을 어떻게 이길 수 있을까요? 야고보는 유혹에 대한 몇 가지를 명확하게 말합니다.

1. 유혹에 대한 올바른 이해

야고보는 유혹을 이기려면 '유혹에 대한 올바른 이해'가 필요하다고 말합니다. 오늘 본문에는 분명히 '시험'이라는 단어가 나오는데 왜 우리는 '유혹'에 대해 말하고 있는 것일까요? 여기서 '시험'이라는 단어에 사용된 헬라어는 앞서 2절에 나오는 '시험'과 동일한 단어 '페이라스모스'

(peirasmos)입니다.

'페이라스모스'는 '시험, 시련, 유혹'으로 번역할 수 있습니다. 문맥에 따라 그 의미를 결정해야 하는데, 이 단락에서는 '시련'이 아니라 '유혹'으로 번역할 수 있습니다. 같은 단어라도 문맥에 따라 다른 의미를 띠는 경우가 종종 있습니다. 유명한 성서 해석 학자 모세 실바(Moises Silva)는 이런 말을 남겼습니다. "문맥은 의미의 이해를 돕는 정도가 아니라 의미를 만들어 낸다." 같은 단어라도 문맥에 따라 의미가 완전히 달라진다는 것을 뜻합니다.

예를 들어, 우리는 '죽었다'는 단어를 다 압니다. 그러나 그 단어는 "저 커튼은 빛깔이 죽었어." "저 사람 기가 팍 죽었네." "저 사람은 얼굴은 다 좋은데 코가 죽었다" 등 제각기 다른 의미로 사용될 수 있습니다. 같은 단어지만 완전히 다른 의미입니다. 문맥이 의미를 만들어 냅니다. 그래서 같은 단어지만 1장 2절에서는 '시험'이라는 의미고, 여기서의 시험은 '유혹'을 뜻합니다.

먼저 우리가 알아야 할 사실은, 유혹은 언제나 존재한다는 것입니다. 누구도 예외가 없습니다. 그래서 야고보는 "사람이 시험(유혹)을 받을 때에"라고 말합니다. 다시 말하면, "유혹은 항상 있는 것인데 그 유혹이 찾아올 때에"라는 말입니다.

사탄은 에덴동산에서 인류의 조상 아담과 하와를 유혹하고서 지금까지 인류를 유혹하는 일을 계속하고 있습니다. 지금까지 그 일을 한 번도 쉰 적이 없습니다. 그래서 유혹이 우리에게 항상 있는 것입니다. 이 땅에서 호흡하고 사는 한 유혹을 면제받을 방법은 없습니다. 수도원에서 온종일 기도하는 수도사가 네온사인이 번쩍이는 거리를 걷는 청년보다 유혹에서 자유롭거나 안전하다고 말할 수 없습니다.

또한 교회 안에 있는 성도가 믿지 않은 자들보다 유혹을 덜 받는다고 말할 수 없습니다. 그러므로 우리는 언제나 유혹에 노출되어 있다는 사실을 기억해야 합니다. 이것이 야고보가 말하는 첫 번째 진리입니다. 우리는 이 땅에 사는 한, 은혜가 충만할 때나 은혜가 끊어질 때나 상관없이 늘 유혹에 노출되어 있다는 사실을 기억해야 합니다. 사탄이 활동하고 있기 때문입니다.

2. 유혹의 근원: 유혹은 어디에서 오는가?

그러면 유혹은 도대체 어디에서 옵니까? 오늘 본문은 유혹의 근원에 대해 말씀합니다. 근원을 알아야 유혹을 막을 수 있습니다. 야고보는 1장 13절에서 유혹의 근원에 대해 부정적으로 단언합니다.

> "사람이 시험(유혹)을 받을 때에 내가 하나님께 시험(유혹)을 받는다 하지 말지니 하나님은 악에게 시험을 받지도 아니하시고 친히 아무도 시험하지 아니하시느니라"(약 1:13).

무슨 말씀입니까? 왜 사람들이 유혹에 지고 나서 그 원인을 하나님께 돌린다고 말하고 있는 것입니까? 우리 안에 뿌리 깊은 핑계 의식이 있기 때문입니다. 우리는 죄를 짓고 나서 변명을 자주 합니다. 그 변명 가운데 하나는 다른 사람 때문이라는 것입니다.

범죄한 아담이 처음으로 내뱉은 말은 '하와 때문'이라는 말이었습니다. 그날 이후로 모든 인류는 핑계를 대기 시작했습니다. 왜 죄를 짓습니까? 우리 마음 안에 '누구 때문에, 무엇 때문에'라는 의식이 있기 때문입니다. 이 핑계 의식이 위험한 이유는 계속 핑계를 대다 보면 마지막에 원인을 하나님께 돌리게 되기 때문입니다. 만물의 근원이 하나님이시기 때문입니다. 이것이 바로 아담과 하와가 저지른 심각한 죄였습니다.

범죄한 아담을 하나님이 책망하실 때, 아담이 "하나님, 제가 죄를 지었습니다. 제가 잘못했습니다"라고 말했다면 인류의 운명은 바뀌었을지도 모릅니다. 그러나 그는 하나님 앞에서 변명했습니다. 창세기 3장 12절은 이렇게 말씀합니다.

> "아담이 이르되 하나님이 주셔서 나와 함께 있게 하신 여자 그가 그 나무 열매를 내게 주므로 내가 먹었나이다"(창 3:12).

아담은 자신이 죄를 짓게 된 게 두 인격체 때문이라며 탓하고 있습니다. 먼저 함께 살고 있는 하와요, 더 나아가서는 하와를 자신에게 주신 하나님이라고 말합니다. 비록 간접적이지만 아담은 하나님께 이렇게 항변하고 있는 것입니다. '하나님, 제가 잘못한 것은 압니다. 그런데 사실 따지고 보면 그 여자만 아니었으면 제가 이런 죄를 저지를 리가 없잖아요.' 아담은 여기서 한 걸음 더 나아갑니다. '그 여자는 누가 주었습니까? 바로 하나님이 주시지 않았습니까!' 사실 아담은 하나님께도 책임이 있다고 생각하며 지금 변명하고 있는 것입니다.

그날 이후로 죄에 빠진 모든 사람의 마음속에는 원망과 핑계가 가득

합니다. 오늘날 저와 여러분의 마음에도 원망과 핑계가 도사리고 있습니다. 자신이 잘못을 저질렀지만 그 책임은 결국 자신의 것이 아니라는 것입니다. 다 환경 때문이요, 어떤 사람 때문이요, 결국은 하나님 때문이라는 것입니다. 하나님이 보호해 주시지 않았기 때문에 죄를 지었다고 말합니다. 야고보는 모든 사람의 마음, 특히 하나님을 믿는 사람들의 마음속에 있는 핑계 의식이 유혹의 근원이라고 밝히고 있습니다. 그러나 결론은 분명합니다. 하나님은 아무도 유혹하지 않으십니다.

다시 말하면, 죄를 지으려는 유혹의 기원은 궁극적으로 하나님께 있지 않습니다. 하나님은 유혹과는 아무런 상관이 없으십니다. 하나님은 저와 여러분을 성숙하게 하려고 시련과 고난을 허락하실지언정 절대 유혹이나 죄를 만들어 내시는 분이 아닙니다. 그러면 유혹은 도대체 어디에서 옵니까? 야고보는 우리가 짓는 죄의 원인이 하나님이실 수 없음을 밝히고서, 유혹의 근원에 대해 1장 14절에서 밝힙니다.

> "오직 각 사람이 시험(유혹)을 받는 것은 자기 욕심에 끌려 미혹됨이니" (약 1:14).

여기서 '미혹됨'이라는 말을 보면, 유혹이 어떤 외적 대상에서 비롯됨을 알 수 있습니다. 왜 우리는 미혹당합니까? 무언가가 저와 여러분을 미혹하기 때문입니다. '미혹하다'는 단어는 미끼에 해당하는 낚시 용어입니다. 물고기가 왜 유혹을 당합니까? 물고기가 좋아하는 미끼가 있기 때문입니다. 이 세상에 생바늘로 유혹할 수 있는 물고기는 없습니다. 낚시를 하려면 물고기가 좋아하는 낚싯밥이 있어야 합니다. 즉 미끼가 있어야 합니다.

사람은 왜 유혹에 빠집니까? 미끼가 원인인 것 같지만 사실은 그렇지 않습니다. 그보다 더 직접적이고 중요한 원인이 있습니다. 그것은 바로 사람의 마음속에 있는 욕심입니다. 아무리 미끼가 그럴듯해도 그 미끼를 무는 책임은 바로 자신에게 있는 것입니다. 왜 미끼를 뭅니까? 이유는 단 하나입니다. 그 미끼를 물고자 하는 욕망 때문입니다.

우리의 욕망이 죄의 직접적인 원인입니다. 하나님께는 눈곱만큼도 책임이 없습니다. 왜 죄를 범하게 됩니까? 왜 유혹에 빠집니까? 저와 여러분의 마음속에 있는 욕망 때문입니다. 그러므로 우리는 유혹의 미끼조차도 탓할 수 없습니다. 미끼가 유혹을 위한 필요조건이긴 하지만 충분조건은 아니기 때문입니다. 그 미끼를 꼭 물어야 할 이유가 없는 것입니다.

그러므로 유혹에 빠져서 비난받아야 할 대상은 바로 우리 자신입니다. 이 사실을 깨닫고 핑계를 대지 말아야 합니다. 유혹의 근원은 미끼가 아닙니다. 미끼가 작용하고 우리를 흔들 수는 있지만 모든 책임은 우리에게 있습니다. 유혹에 빠지는 근원적인 이유는 다름 아닌 우리 안에 있는 욕망 때문입니다. 우리는 이 사실을 명확하게 인지해야 합니다.

3. 유혹이 오는 과정

유혹은 항상 있으며, 유혹의 근원은 우리 안에 있는 욕망입니다. 그러면 유혹은 어떤 과정을 거쳐 우리에게 다가옵니까? 야고보는 유혹이 반드시 일정한 경로로 온다고 합니다.

야고보가 말하는 유혹의 과정을 자세히 살펴보겠습니다. 이미 설명한 대로 외부의 어떤 미끼가 등장합니다. 사탄이 그 미끼를 던질 수도 있습니다. 그런데 그 미끼는 대부분 죄가 아닌 경우가 많습니다. 가령, 배고픈 사람에게 음식은 미끼가 될 수 있지만 그것이 나쁜 것은 아닙니다. 가난한 사람에게 돈이 미끼가 되어 그 돈으로 말미암아 죄를 지을 수는 있지만 돈 자체가 나쁜 것은 아닙니다. 성욕도 마찬가지입니다. 그 자체는 나쁜 것이 아닙니다. 하나님이 부부에게 주신 선물입니다.

문제는 미끼 자체가 아니라 그 미끼를 물려고 하는 우리의 욕망입니다. 미끼가 나타나면 우리 안에 있는 욕망이 반응합니다. 미끼와 우리 내면의 욕망이 결합하면 무엇을 낳습니까? 야고보는 1장 14-15절에서 이렇게 설명합니다.

> "오직 각 사람이 시험(유혹)을 받는 것은 자기 욕심에 끌려 미혹됨이니 욕심이 잉태한즉 죄를 낳고 죄가 장성한즉 사망을 낳느니라"(약 1:14-15).

순서의 과정은 매우 분명합니다. '잉태한'이라는 단어는 헬라어로 '실람바노'(syllambanō)입니다. 이 단어는 '하나로 합쳐지는 것'을 의미합니다. 둘이 하나로 합쳐지는 것을 뜻하는 단어입니다. 야고보는 이 단어를 사용하여 유혹의 두 필수요소, 즉 미끼와 내면의 욕망이 결합할 때 유혹을 받는다고 설명합니다.

미끼와 욕망이 결합하면 유혹이 생겨나고, 그 결과 죄를 범하게 되는 것입니다. 그리고 그 죄를 그대로 방치하면 사망을 낳습니다. 그러면 여기에서 사망은 도대체 무엇을 의미합니까? 육체적인 사망일까요? 어떤 죄는 육체적 죽음을 가져올 수 있습니다. 성경을 보면 알 수 있습니다.

이런 경우, 병이나 죽음은 성도들을 궁극적으로 성화시키기 위한 하나님의 일시적인 징계입니다. 그대로 두면 이 땅에서 너무 많은 죄를 범할 것 같으니까 하나님이 사랑하는 성도를 징계하여 죽음으로 데려가는 것입니다. 성경을 보면, 죄를 그만 짓게 하려고 이 진리를 말씀합니다.

그러나 본문에서 유혹의 결과를 언급하는 사망은 육체적 사망을 의미하지 않습니다. 이것이 육체적 사망을 의미했다면, 오늘 이 자리에 앉아 예배드릴 사람은 아무도 없을 것입니다. 저나 여러분이나 이미 공동묘지에 들어가 있을 것입니다. 그러면 영적 사망일까요? 그것도 아닌 것 같습니다. 우리의 선행이 우리를 구원하지 못하고, 우리의 악행이 우리의 구원을 취소할 수 없기 때문입니다. 그 무엇도 우리를 정죄하지 못합니다. 로마서 8장에서 사도 바울은 이렇게 선포합니다. "그러므로 이제 그리스도 예수 안에 있는 자에게는 결코 정죄함이 없나니." 이 말씀에 비추어 볼 때, 영적 사망을 의미하지 않습니다. 어떤 죄나 유혹도 예수 안에 있는 우리를 정죄할 수 없기 때문입니다. 그러면 죄의 결과로 오는 사망이 육체적 사망이나 영적 사망이 아니라면 도대체 무엇일까요? 이것을 이해하는 것이 매우 중요합니다. 성경은 사망이라는 단어를 우리 삶의 질과 연관 지을 때가 많습니다. 신명기 30장 15절은 이렇게 말씀합니다.

> "보라 내가 오늘 생명과 복과 사망과 화를 네 앞에 두었나니"(신 30:15).

생명은 무엇입니까? 복입니다. 그러면 사망은 무엇입니까? 화입니다.

이것은 히브리 표현입니다. 복을 강조하여 생명이라고 표현하고, 화를 강조하여 사망이라고 표현했습니다. 여기에서 사망은 어떤 것입니까? 영적 죽음도 아니요 육체적 죽음도 아닙니다. 그것은 바로 예수님이 저와 여러분에게 주시려는 풍성한 삶과 반대되는 삶, 즉 화입니다.

이미 구원받았다면 죄의 유혹을 받았다고 해서 영적으로 죽을 사람은 아무도 없습니다. 그러므로 본문이 말하는 사망은, 풍성한 삶의 반대를 의미합니다. 우리가 계속해서 유혹을 따라가고 죄가 장성하도록 방치해도 구원은 받겠지만, 이 땅에서 참된 삶을 살 수는 없습니다. 풍성한 삶을 살 수도 없습니다. 즉 성령이 주시는 은혜의 삶을 살 수 없습니다.

4. 유혹을 이기는 방법

그러면 우리가 어떻게 유혹을 이길 수 있을까요? 야고보는 유혹은 항상 오는 것이기에 대비하라고 말합니다. 유혹은 왜 옵니까? 우리 안에 있는 욕망 때문입니다.

유혹은 어떻게 옵니까? 미끼와 욕망이 결합하여 유혹으로 다가오고, 그것이 우리를 죄 짓게 만들고, 그 죄를 방치하면 사망에 이르게 됩니다. 즉 구원은 받았지만 이 땅에서 사는 동안 하나님의 은혜와 아무런 상관없는 삶을 살게 되는 것입니다. 그 삶이 얼마나 비참한지 사망으로 표현했습니다.

(1) 선에 거해야 한다

우리는 이렇게 다가오는 유혹을 어떻게 막아설 수 있습니까? 야고보는 두 가지를 말합니다. 먼저 유혹을 이기기 위해서는 선에 거해야 한다고 합니다. 야고보는 좋은 은사와 온전한 선물이 다 하나님 아버지로부터 온다는 사실에 주목합니다.

> "온갖 좋은 은사와 온전한 선물이 다 위로부터 빛들의 아버지께로부터 내려오나니 그는 변함도 없으시고 회전하는 그림자도 없으시니라"(약 1:17).

하나님은 어떤 분이십니까? 한마디로 말하면, 우리에게 늘 좋은 것을 주시는 분이십니다. 우리가 유혹을 이기기 위해서는 하나님이 주시는 은혜 안에 거해야 합니다. 우리에게 주신 거룩함, 기쁨, 수많은 복, 자녀, 교회 지체들, 사역과 사명 같은 온갖 좋은 것이 다 하나님께로부터 내려왔습니다.

하나님이 우리에게 날마다 선하고 좋은 것을 주시는 줄 믿으시기 바랍니다. 우리 삶에 나쁜 것이 오는 것은 하나님의 뜻이 아닙니다. 하나님은 좋은 것을 주십니다. 시련과 고난을 주시는 것도 결국 좋은 것을 주시기 위해서입니다. 하나님이 주시는 좋은 것을 붙들고 좋은 데 거할 때에 우리는 유혹을 이길 수 있습니다.

(2) 진리의 말씀 안에 거해야 한다

유혹을 이기기 위해서는 진리의 말씀 안에 거해야 합니다. 1장 18절은 이렇게 말씀합니다.

> "그가 그 피조물 중에 우리로 한 첫 열매가 되게 하시려고 자기의 뜻을 따라 진리의 말씀으로 우리를 낳으셨느니라"(약 1:18).

유혹에 넘어간 적이 있는 다윗은 시편 119편 11절에서 자신의 다짐을 말합니다.

> "내가 주께 범죄하지 아니하려 하여 주의 말씀을 내 마음에 두었나이다"(시 119:11).

그렇습니다. 유혹을 이기려면 주의 말씀을 마음에 소중하게 간직해야 합니다. 이것이 우리가 날마다 성경을 묵상해야 하는 중요한 이유입니다. 매일 아침에 일어나서 경건의 시간을 보낸 사람과 그렇지 않은 사람의 삶이 어찌 같겠습니까! 날마다 하나님 앞에 나아가 30분이라도 경건의 시간을 보낸다면, 유혹에 쉽게 넘어가지 않을 것입니다. 성경 암송과 묵상이 중요한 이유가 바로 이것입니다. 날마다 성경을 읽고 묵상하고 암송하고 기도하는 가운데 하나님과 교제하면, 즉 말씀 안에 거하면 어떤 유혹도 이길 수 있습니다. 이것이 바로 교회가 중요한 이유입니다.

교회는 어떤 곳입니까? 서로 말씀으로 가르치는 곳입니다. 소그룹 모임이 왜 중요합니까? 누군가 아무런 생각 없이 살며, 일주일 내내 경건의 시간을 보내지 않고, 소그룹 모임에서 푸념만 하면 어떻게 될까요? 그런 사람들만 모이면 소그룹 모임은 계 모임이 됩니다.

일주일간 치열한 영적 전쟁을 치렀습니다. 어려움도 당했습니다. 어려울수록 하나님의 말씀을 붙잡고 기도하며 간절하게 주님을 찾던 자들이 소그룹 모임에 나와서 말씀으로 승리했다든가 아니면 실패했다가 말씀으로 회개했다는 간증을 합니다. 그러한 간증은 어느 목사의 설교보다 위력과 능력이 있습니다. 그 간증을 들을 때 성령이 임재하고 성도가 서로 말씀으로 가르치게 되는 것입니다.

교회란 무엇입니까? 건물이 아닙니다. 우리 옆에 있는 성도입니다. 우리가 다니는 교회의 질은 누가 결정합니까? 바로 우리입니다. 우리 자신이 교회입니다. 개개인이 영적으로 살아 있을 때 모든 교회에 영향을 미칩니다.

우리는 어떻게 유혹을 이깁니까? 하나님은 우리에게 교회를 주셨습니다. 그리고 신자들을 주셨습니다. 왜입니까? 신자들끼리 서로 말씀을 가르치라는 것입니다. 서로 도전받고 사랑하며, 때로는 부대낄 때도 있지만 그 안에서 말씀으로 조율해 나가는 것이 교회입니다. 우리가 교회 안에서 하나님 말씀을 서로 가르칠 때 어떤 유혹이 와도 이길 수 있습니다. 우리 모두가 이러한 믿음의 사람이 되기를 주의 이름으로 축원합니다.

4장

참된 믿음은 삶의 변화를 가져온다

야고보서 1:19-27

[19]내 사랑하는 형제들아 너희가 알지니 사람마다 듣기는 속히 하고 말하기는
더디 하며 성내기도 더디 하라 [20]사람이 성내는 것이 하나님의 의를 이루지 못
함이라 [21]그러므로 모든 더러운 것과 넘치는 악을 내버리고 너희 영혼을 능히
구원할 바 마음에 심어진 말씀을 온유함으로 받으라 [22]너희는 말씀을 행하
는 자가 되고 듣기만 하여 자신을 속이는 자가 되지 말라 [23]누구든지 말씀을
듣고 행하지 아니하면 그는 거울로 자기의 생긴 얼굴을 보는 사람과 같아서
[24]제 자신을 보고 가서 그 모습이 어떠했는지를 곧 잊어버리거니와 [25]자유롭게
하는 온전한 율법을 들여다보고 있는 자는 듣고 잊어버리는 자가 아니요 실
천하는 자니 이 사람은 그 행하는 일에 복을 받으리라 [26]누구든지 스스로 경
건하다 생각하며 자기 혀를 재갈 물리지 아니하고 자기 마음을 속이면 이 사
람의 경건은 헛것이라 [27]하나님 아버지 앞에서 정결하고 더러움이 없는 경건은
곧 고아와 과부를 그 환난 중에 돌보고 또 자기를 지켜 세속에 물들지 아니하
는 그것이니라.

믿음이 좋은 사람은 어떤 사람입니까? 신앙을 재는 여러 가지 척도 가운데 빠뜨릴 수 없는 것이 있다면 그것은 바로 삶의 모습입니다. 유명한 신학자요 목회자인 A.W. 토저(Tozer)는 교회 안에 존재하는 간극을 보며 탄식했습니다. 그는 교회 안에 존재하는 가장 큰 간극은 이론과 실제의 간극이라고 말하며 그것이 얼마나 큰지 이렇게 설명했습니다. 만일 누군가 주일 설교를 듣는 한 성도의 모습을 보고 나서 주일 오후에 그의 삶을 자세히 관찰한다면, 아마도 그가 상반된 두 종교를 믿고 있다고 생각할 것이라며 탄식했습니다.

한국 교회가 세상의 지탄을 받는 부분도 바로 이것입니다. 세상은 성도가 교회에서는 아주 열심을 내지만 사회에서는 그렇지 않다고 지적합니다. 세상의 등불이 되어야 할 성도가 세상의 손가락질을 받고 있습니다. 참으로 안타깝고 부끄러운 일입니다. 오늘날 한국 교회는 하나님의 말씀이 머리에서 손으로 내려오지 못한 사람들로 가득 차 있습니다. 이런 면에서 오늘 본문 말씀은 아주 중요합니다.

우리는 이 간극을 어떻게 메울 수 있을까요? 야고보는 먼저 이 간극을 메우기 위해 참된 믿음의 모습을 보여 줍니다. 정말 믿음이 좋은 사람은 어떤 사람일까요? 어떤 모습으로 살아가야 할까요? 야고보는 오늘 본문에서 매우 구체적으로 제시합니다. 우리가 오늘 본문에 기록된 대로 참된 믿음을 소유한다면 이 간극은 메워질 것입니다.

간극이 메워져서 이론과 실제가 하나가 되면 우리의 믿음이 참된 것임이 드러날 것입니다. 또한 그로 말미암아 그리스도의 몸인 교회를 통해 하나님이 영광을 받으실 것입니다.

1. 참된 믿음은 말씀을 진심으로 받는다

참된 믿음은 어떤 모습일까요? 야고보는 명백한 두 가지를 제시합니다. 첫째, 참된 믿음은 말씀을 진심으로 받습니다.

믿음이 좋은 사람이 하나님 말씀을 진심으로 받는 것은 당연한 일입니다. 그러나 야고보는 말씀을 받는 사람의 모습을 그저 우리가 아는 일반적인 개념으로 사용하지 않고 아주 구체적으로 그리고 있습니다. 그는 1장 19절에서 이렇게 제시합니다.

> "내 사랑하는 형제들아 너희가 알지니 사람마다 듣기는 속히 하고 말하기는 더디 하며 성내기도 더디 하라"(약 1:19).

야고보는 말씀을 듣는 것을 설명하기 위해 세 가지 요소를 나열합니다. 듣기는 속히 하고, 말하기는 더디 하며, 성내기도 더디 하라고 합니다. 하나님의 말씀을 진심으로 받는다는 말은 어떤 의미입니까? 그저 예배에 참석하여 설교에 은혜받고 성경 묵상을 하며 아멘 하고 마음에 받아들이는 의미를 넘어서 매우 구체적인 행위를 말합니다.

하나님 말씀을 제대로 받는 모습은 어떠합니까? 첫째 요소는 경청입니다. 본문에 '듣기는 속히 하라'는 말로 표현되어 있습니다. 우리는 경청을 쉽게 생각하지만, 사실은 몹시 어렵습니다. 가정학자들은 부부 관계의 아픔이 대부분 경청이 부족해서 온다고 지적합니다. 배우자와 살면서 가장 답답한 게 무엇입니까? 뭐가 통하지 않습니까? 주로 아내들은 이렇게 이야기할 것입니다. "말이 안 통하는 게 문제지요." 늘 함께 생활하고 말하는데도 말이 통하지 않습니다.

사람들은 어떤 사람을 가장 귀하게 여길까요? 돈을 많이 벌어다 주는 사람일까요? 아니면 재능이 탁월한 사람일까요? 그렇지 않습니다. 자신의 말을 진심으로 경청해 주는 사람입니다. 경청하는 것이 왜 이렇게 어려운지 모르겠습니다.

경청에는 다섯 단계가 있습니다. 경청에서 아주 안 좋은 단계는 '무시하는 것'입니다. 요즘 아이들은 '개무시'라고 표현합니다. 이 단계는 그냥 무시하는 것입니다. 그다음 단계는 '경청을 가장하는 것'입니다. 교회 안에서 많이 일어나는 단계입니다. 듣는 척하고 있지만 아예 마음을 닫고 있습니다. 사실 전혀 듣지 않는 상태입니다.

그다음 교회에서 많이 일어나는 단계는 '선택적 경청'입니다. 자신이 듣고 싶은 부분만 골라서 듣는 것입니다. 제가 설교할 때 보면 이런 분들이 많습니다. 설교가 마음에 안 들면 눈동자가 풀리는 분들이 꽤 있습니다. 네 번째 단계는 '주의 깊은 경청'입니다. 앞의 단계에 비해 훨씬 좋은 상태입니다. 그러나 성경은 마지막 경청을 하나 더 말합니다.

성경은 '공감적 경청'을 말합니다. 이것은 어떻게 경청하는 것일까요? 상대방의 마음과 감정을 살피고 그것을 자신의 것으로 소화하고 받아들여 동화되는 것을 말합니다. 사복음서를 읽어 보면 주님이 어떤 사람을 만나든지 늘 공감적 경청을 했던 것을 알 수 있습니다. 사람들은 자신의 말에 공감하며 경청하는 사람에게는 마음을 털어놓습니다.

사마리아 여인을 정오에 찾아가신 주님은 공감적 경청을 하십니다. 그 여인과 대화를 하십니다. 사회에서 버림받은 혈루증 여인을 찾아가 대화하며 공감적 경청을 하십니다. 이것이 바로 주님이 우리에게 보여 주셨던 삶의 모습입니다. 우리는 주위 사람들에게 공감적 경청을 해줘야 하겠지만, 특히 무엇보다 하나님 말씀을 대할 때 공감적 경청을 해야 합니다.

성경에 기록된 아브라함의 이야기를 읽을 때는 마음을 다해 아브라함의 심정을 이해해야 합니다. 이삭을 데리고 모리아 산에 올라가는 마음에 공감해야 합니다. 이렇게 하나님의 말씀을 받고 공감적 경청을 하면 어떤 일이 일어납니까? 말을 함부로 하지 않게 됩니다.

하나님의 말씀을 진심으로 받는 사람은 말실수를 잘 하지 않습니다. 이것은 침묵은 금이라는 의미가 아닙니다. 혀를 제어한다는 의미입니다. 그래서 야고보는 오늘 본문의 뒷부분에서 이것을 다시 한 번 강조합니다. 1장 26절은 이렇게 말씀합니다.

> "누구든지 스스로 경건하다 생각하며 자기 혀를 재갈 물리지 아니하고 자기 마음을 속이면 이 사람의 경건은 헛것이라"(약 1:26).

쉽게 말하면, 어떤 사람이 교회에 나와 온갖 경건한 일을 한다 해도 말을 조심하지 않으면 그가 하는 예배와 봉사, 섬김과 구제가 다 헛되고 가짜라는 뜻입니다. 그런 사람은 말씀을 받은 사람이 아닙니다. 인간적 동기를 품고 교회에서 열심히 봉사할 수 있습니다. 또 얼마든지 선을 행할 수 있습니다. 하지만 경건한 모습으로 교회에서 온갖 봉사를 하면서도 계속해서 다른 사람에게 말로 상처를 준다면 그의 경건은 가짜이며, 하나님의 말씀을 받지 않은 것으로 볼 수 있습니다. 또한 야고보는 한 가지를 덧붙입니다. "성내기를 더디 하라." 왜 성내기를 더디 해야 합니까? 1장 21절은 이렇게 말씀합니다.

"사람이 성내는 것이 하나님의 의를 이루지 못함이라"(약 1:21).

하나님의 말씀을 받는 데 어떻게 성을 낼 수 있습니까? 이게 가능할까요? 가능합니다. 특히 시련과 연관되어 있을 때 우리는 하나님의 말씀에 반항하며 화를 낼 수 있습니다. 그렇게 했던 대표적 인물이 요나입니다. 모든 일이 자신의 뜻과 달리 돌아가자 요나는 하나님의 말씀에 핏대를 세웠습니다.

"네가 성내는 것이 옳으냐"(욘 4:4). 이 말씀을 들은 요나는 더 성을 냅니다. "내가 성내어 죽기까지 할지라도 옳으니이다" 하며 하나님께 달려들었습니다. 요나는 아주 솔직한 사람입니다. 우리는 하나님의 역사를 기다리는데 하나님은 침묵하십니다. 아무런 응답을 안 하십니다. 우리가 생각했던 길과는 전혀 다른 길이 열립니다. 그러면 마음에 화가 치솟아 오릅니다. 우리는 요나보다 점잖아서인지 아니면 가면이 두꺼워서인지 몰라도 화를 잘 표현하지 않습니다. 하지만 마음속에 섭섭함과 화가 있습니다. 그래서 종종 마음의 화를 못 이기고 섬김의 자리, 봉사의 자리에서 떠나고 심지어 교회를 떠나는 사람도 있습니다. 야고보가 말하려는 점은 너무 명확합니다. 오해할 수 없을 정도로 분명합니다. 그것은 우리 마음 밭을 하나님의 말씀을 잘 받을 수 있게 만들라는 것입니다. 이것이 참된 믿음을 소유하는 비결입니다.

진리가 선포될 때 마음의 귀를 열어 진리를 받아들일 준비를 해야 합니다. 우리의 입을 꽉 다물며 반격하고 싶은 충동을 억눌러야 진리를 제대로 받아들일 수 있습니다. 하나님의 말씀은 아무 곳에서나 열매를 맺지 않습니다. 야고보는 우리가 오해할까 봐 이러한 말씀을 받아들일 때

수반되는 조건을 설명합니다. 1장 21절은 이렇게 말씀합니다.

> "그러므로 모든 더러운 것과 넘치는 악을 내버리고 너희 영혼을 능히 구원할 바 마음에 심어진 말씀을 온유함으로 받으라"(약 1:21).

삶 속에서 쌓인 더러움이 우리의 귀를 막습니다. 삶에 더러움이 계속 있으면, 아무리 뜨거운 예배를 드리고 설교를 많이 들어도 소용없습니다. 우리 마음에 악이 있으면, 하나님의 말씀이 자랄 수 없습니다. 이것이 바로 예수님이 씨 뿌리는 비유를 설명하신 이유입니다. 길가에 뿌려진 씨, 돌밭과 가시떨기에 뿌려진 씨가 열매를 맺지 못하듯이 우리 마음에 악과 더러움이 있는 한, 하나님의 말씀은 열매 맺지 못합니다. 더러운 것과 악이 하나님의 말씀을 막는 것입니다.

그러면 우리는 어떻게 해야 합니까? 우리 마음에 심긴 하나님의 말씀, 즉 우리 마음에 뿌려진 하나님의 말씀을 온유하게 받아야 합니다. 말씀이 들려올 때 자신의 생각과 다르다고 함부로 배척하지 말고 자신의 짧은 생각으로 재단하지 말아야 합니다. 소원대로 되지 않는다고 마음에 분노를 품지 말고, 온유하게 말씀을 받아야 합니다. 우리 마음을 옥토로 가꿔야 합니다.

온유하게 말씀을 받는 것은 겸손을 의미합니다. 자신의 생각과 철학을 포기하고 계산하지 않는 것입니다. 말씀이 들려올 때 과거에 어떻게 살았든 모든 가치관과 생각을 말씀대로 바꾸는 것입니다. 이것이 바로 겸손히 온유하게 하나님 말씀을 받는 모습입니다.

말씀을 온유하게 받는 사례가 성경에 많이 나옵니다. 그 가운데 하나를 살펴보려고 합니다. 데살로니가전서 1장 6절 말씀입니다. 데살로니가 교회는 생긴 지 얼마 되지 않아서 사도 바울에게 이런 칭찬을 듣습니다.

"또 너희는 많은 환난 가운데서 성령의 기쁨으로 말씀을 받아…"(살전 1:6).

데살로니가 교인들은 많은 환난을 당했습니다. 그런데도 하나님의 말씀을 성령의 기쁨으로 받았습니다. 데살로니가전서 2장 13절은 이렇게 말씀합니다.

"이러므로 우리가 하나님께 끊임없이 감사함은 너희가 우리에게 들은 바 하나님의 말씀을 받을 때에 사람의 말로 받지 아니하고 하나님의 말씀으로 받음이니 진실로 그러하도다 이 말씀이 또한 너희 믿는 자 가운데서 역사하느니라"(살전 2:13).

참된 믿음을 갖기 원합니까? 그렇다면 하나님의 말씀을 진심으로 받으시기 바랍니다. 성경을 들을 때나 성경을 묵상할 때 들려오는 하나님의 말씀을 마음을 열고 받아야 합니다. 우리 마음을 말씀이 잘 자랄 옥토로 만들어야 합니다.

2. 참된 믿음은 말씀을 전심으로 행한다

우리는 어떻게 참된 믿음을 소유할 수 있습니까? 참된 믿음이 있는 사람은 말씀을 진심으로 받습니다. 또한 말씀을 전심으로 행합니다. 1장 22절은 이렇게 말씀합니다.

> "너희는 말씀을 행하는 자가 되고 듣기만 하여 자신을 속이는 자가 되지 말라"(약 1:22).

이 말씀은 야고보서의 중심 구절입니다. 야고보서의 주제는 행함입니다. 참된 믿음은 행함으로 나타나야 합니다. 야고보는 행하는 믿음을 말하면서 삶의 두 가지 모습을 대조합니다. 말씀을 듣고 행하는 자와 말씀을 듣기만 하는 자를 보여 줍니다.

야고보가 왜 삶의 두 가지 모습을 대조할까요? 그냥 말씀을 듣고 행하는 자라고 말하면 되는데, 왜 말씀을 듣고 행하는 자와 듣기만 하는 자를 대조할까요? 그 이유는 교회 안에 말씀을 듣기만 하는 자들이 너무 많기 때문입니다.

좀 더 깊이 설명하면, 우리가 교회에 나와 자주 예배를 드리지만 정신을 차리지 않으면 말씀을 듣기만 하는 자가 될 수 있다는 말입니다. 저도 그렇고 여러분도 그렇습니다. 우리 한국 교회를 보십시오. 한국 교회 성도들이 얼마나 말씀을 많이 듣습니까? 주일 예배 설교를 듣고, 새벽 예배에 나와 설교를 듣고, 수요 예배 설교를 듣고, 금요 철야 예배 설교를 듣고, 목장 예배 설교를 듣습니다. 심지어 말씀을 나누고 날마다 성경을 묵상하고 수많은 방송 설교도 듣습니다. 채널만 돌리면 온종일 기독교 방송을 들을 수 있습니다. 운전하면서 극동방송 설교를 들을 수 있고 각종 집회와 부흥회, 세미나 등도 들을 수 있습니다.

한번 생각해 보십시오. 그 많은 설교와 말씀이 여러분의 삶에 어떤 영향을 미쳤습니까? 설교를 듣고 나서, 성경 공부를 한 뒤에, 제자 훈련을 받고서 여러분의 삶이 얼마나 달라졌습니까? 이런 질문을 하면 참으로 막막합니다. 도대체 얼마나 달라진 것인지 쉽게 답하지 못할 때가 많습니다. 그런데 바로 답할 수 있는 방법이 있습니다. 배우자를 대하는 여러분의 태도가 얼마나 달라졌는지를 물어보면 됩니다. 답은 금방 나올 것입니다. 혹시 여러분의 배우자가 '그 인간, 하나도 안 변했어'라고 생각하지는 않습니까?

이 질문은 정말 우리가 물어야 할 질문입니다. 말씀을 듣고 행해야 하는데 듣기만 합니다. 듣기만 하는 사람이 교회 안에 너무 많습니다. 말씀을 듣는 것은 좋은 일입니다. 그런데 문제는 듣기만 한다는 것입니다. 여러분은 어느 쪽입니까? 하나님께 대답해 보세요. 구렁이 담 넘어가듯 하지 말고 정직하게 대답해 보세요.

그러면 말씀을 듣기만 하는 자들의 문제는 무엇입니까? 그들의 문제는 바로 자신을 속이고 있는 것이라고 1장 22절은 말씀합니다.

> "너희는 말씀을 행하는 자가 되고 듣기만 하여 자신을 속이는 자가 되지 말라"(약 1:22).

말씀을 듣기만 하고 행하지 않는 것은 바로 자신을 속이는 일입니다. 그런 삶은 어떤 삶일까요? 말씀을 행하기보다 그저 집회에 참석하는 것으로 기뻐하고 만족하는 삶입니다. 한 신학자의 표현으로는, 행함을 눈물과 예배로 대치하려는 행동입니다. 한국 교회는 지금 이 병에 빠져 있습니다. 말씀을 들을 때 눈물을 흘리고 아멘으로 화답하는 것을 행함으로 착각하고 있습니다. 새벽 예배에 나와 새벽 제단을 쌓으면 말씀을 행했다고 착각합니다. 이것은 자신을 속이는 것입니다. 삶은 하나도 달라지지 않았습니다.

가치관이 바뀌지 않고, 가정생활은 여전히 똑같으며, 돈에 대한 욕심도 여전한데, 교회에 나오면 은혜를 받습니다. 너무 좋아서 눈물도 흘립니다. 이것이 바로 듣기만 하여 자신을 속이는 모습입니다. 야고보는 우리에게 한 가지 예화를 더 들려줍니다. 우리가 잘 아는 거울 예화입니다. 1장 23-24절은 이렇게 말씀합니다.

> "누구든지 말씀을 듣고 행하지 아니하면 그는 거울로 자기의 생긴 얼굴을 보는 사람과 같아서 제 자신을 보고 가서 그 모습이 어떠했는지를 곧 잊어버리거니와"(약 1:23-24).

이런 사람은 은혜를 받고 나서 곧바로 잊어버립니다. 교회 문만 열고 나오면 잊어버립니다. 늘 '예배 참 좋았어'라고 말은 하는데 아무런 고민 없이 끝납니다. 씨름이 없습니다. 우리는 매일 거울을 봅니다. 이 세상에 거울이 없는 집이 있을까요? 아마도 없을 것입니다. 아무리 가난해도 집에 거울은 있기 마련입니다. 우리는 하루에도 몇 번씩 거울을 봅니다.

외출할 때 시간에 쫓겨도 거울을 봅니다. 그런데 머리가 엉망입니다. 그러면 어떻게 합니까? '아휴, 시간도 없는데 그냥 가지 뭐' 하며 그 상태로 그냥 나갑니까? 천만에요. 시간에 쫓기면 걸어가는 동안이라도 머리를 정리합니다.

거울을 보고서 얼굴에 얼룩이 묻은 것을 발견하고도 아무런 조치도 안 한다면, 여러분은 이해할 수 있겠습니까? 그런 말도 안 되는 일을 하는 사람이 이 세상에 어디 있습니까! 이제 예화를 마친 야고보는 자신이 하고 싶은 이야기를 합니다.

> "자유롭게 하는 온전한 율법을 들여다보고 있는 자는 듣고 잊어버리는 자가 아니요 실천하는 자니 이 사람은 그 행하는 일에 복을 받으리라" (약 1:25).

말씀을 듣는 사람이 복을 받는 것이 아닙니다. 일주일에 설교를 50편이나 듣고 성경을 100장이나 읽는 사람이 복을 받는 것이 아닙니다. 그러나 하나님의 말씀을 삶에서 실천하는 사람은 행하는 일마다 복을 받을 것입니다. 거울은 무엇입니까? 야고보는 하나님의 말씀이라고 말합니다. 그냥 말씀이 아니라 우리를 자유롭게 하는 말씀입니다. 율법의 말씀이 아니고 은혜의 말씀입니다. 하나님의 말씀은 율법으로 우리를 얽어매지 않습니다. 오히려 우리를 자유롭게 합니다.

우리가 은혜의 말씀, 우리를 자유롭게 하는 말씀을 읽는 이유는, 거울처럼 그 말씀에 자신을 비추어 교정하기 위해서입니다. 우리는 왜 말씀을 듣습니까? 오직 한 가지 이유만 있습니다. 행하기 위해서입니다. 말씀은 감정적으로 받아서 눈물을 흘리고 기뻐서 펄쩍펄쩍 뛰라고 주신 것이 아닙니다. 말씀은 행하라고 주신 것입니다.

말씀대로 행하면 어떤 일이 일어납니까? 성경은 우리가 자유로워진다고 말씀합니다. 말씀에 순종하면 거기에 얽매일 것 같지만 그렇지 않습니다. 말씀에 순종하여 살아 보십시오. 아주 자유롭습니다. 물고기가 물 밖에 있을 때는 부자연스럽지만, 물속에 들어가면 아주 자유롭습니다. 말씀대로 행하면 그렇게 자유로워집니다. 모든 것에 얽매임이 없습니다. 돈, 깨진 관계, 질병, 환난도 말씀을 행하는 자를 얽어매지 못합니다.

우리가 하나님의 말씀을 삶에서 실천하면 어떤 현상이 나타납니까? 한마디로 말하면, 경건해집니다. 그저 교회생활에 충실한 외적 경건이 아니라 하나님이 인정하시는 내면 깊은 곳으로부터 우리 삶이 경건해집니다.

경건한 사람은 구체적으로 어떤 모습을 하고 있을까요? 우선, 경건한 사람은 말로 실수하지 않습니다. 저의 목회 비결이 하나 있습니다. 저는 헌금을 많이 하고 봉사를 많이 해도 사람들에게 말로 상처 주는 사람은 지도자로 세우지 않습니다. 우리 교회 지도자나 안수 집사님들을 보면 말에 실수하는 사람이 없습니다. 교회 지도자가 되기 원합니까? 혀를 조심하십시오.

저는 야고보서 읽고 깨달으면서 목회를 배웠습니다. 경건한 사람은 자신의 혀를 제어할 줄 압니다. 야고보는 이 진리를 강조합니다. 1장 26절은 이렇게 말씀합니다.

> "누구든지 스스로 경건하다 생각하며 자기 혀를 재갈 물리지 아니하고 자기 마음을 속이면 이 사람의 경건은 헛것이라"(약 1:26).

참으로 경건한 사람은 혀를 제어하고 어려운 사람들을 조용히 돕습니다. 그들의 혀는 묵직하지만 손은 바삐 움직입니다. 어려운 사람 곁에는 항상 경건한 사람이 있습니다. 주변 사람들을 유심히 관찰하고 소리 소문 없이 적절한 방식으로 어려운 사람들을 돕습니다. 또한 경건한 사람은 세속의 탐심에 빠지지 않습니다. 말과 손뿐만 아니라 가치관도 그러합니다. 그는 이 세상의 어떤 영광 앞에도 머리를 숙이지 않습니다. 1장 27절은 이렇게 말씀합니다.

> "하나님 아버지 앞에서 정결하고 더러움이 없는 경건은 곧 고아와 과부를 그 환난 중에 돌보고 또 자기를 지켜 세속에 물들지 아니하는 그것이니라"(약 1:27).

세상은 자기애를 향해 달려가고 있습니다. 모든 것의 중심이 자신입니다. 자신이 좋아하면 선이 됩니다. 그래서 자기 감정이 조금이라도 상하면 상대방의 가슴을 후벼 파는 말도 서슴지 않습니다. 뒤에서 험담과 비방을 일삼습니다. 하지만 구원받은 우리는 세상의 물결을 따라가지 말아야 합니다.

우리는 어떠한 경우에도 함부로 말하지 말고, 온 세상이 자신만을 위해 살아도 어려운 이웃을 돌봐야 합니다. 모든 사람이 돈을 따라가더라도 우리는 세속에 물들지 말아야 합니다. 이것이 하나님이 인정하시는 참된 경건입니다. 우리 모두 한국 교회에 존재하는 이 간극을 메웁시다. 머리와 손을 하나가 되게 합시다. 제가 섬김과 봉사를 강조하는 이유가 바로 여기에 있습니다. 우리 교회는 좀 더 섬겨야 하고, 좀 더 주머니를 풀어야 합니다.

그리하여 더는 자신을 속이지 말고 행하는 모든 일에 복 받기를 바랍니다. 하나님은 왜 이 말씀을 주셨을까요? 오늘부터 우리를 얽어매기 위해서입니까? 아닙니다. 우리가 물고기라면 바다에 넣으시기 위해서입니다. 거기에 자유로움이 있기 때문입니다. 말씀대로 실천할 때 우리가 행하는 모든 일마다 하나님의 복을 받을 줄 믿습니다. 이것은 하나님이 약속하신 말씀입니다. 이 복을 소유하는 여러분이 되기를 주의 이름으로 축원합니다.

5장

참된 믿음은 사람을 차별하지 않는다

야고보서 2:1-13

[1]내 형제들아 영광의 주 곧 우리 주 예수 그리스도에 대한 믿음을 너희가 가졌
으니 사람을 차별하여 대하지 말라 [2]만일 너희 회당에 금가락지를 끼고 아름
다운 옷을 입은 사람이 들어오고 또 남루한 옷을 입은 가난한 사람이 들어올
때에 [3]너희가 아름다운 옷을 입은 자를 눈여겨보고 말하되 여기 좋은 자리에
앉으소서 하고 또 가난한 자에게 말하되 너는 거기 서 있든지 내 발등상 아래
에 앉으라 하면 [4]너희끼리 서로 차별하며 악한 생각으로 판단하는 자가 되는
것이 아니냐 [5]내 사랑하는 형제들아 들을지어다 하나님이 세상에서 가난한
자를 택하사 믿음에 부요하게 하시고 또 자기를 사랑하는 자들에게 약속하
신 나라를 상속으로 받게 하지 아니하셨느냐 [6]너희는 도리어 가난한 자를 업
신여겼도다 부자는 너희를 억압하며 법정으로 끌고 가지 아니하느냐 [7]그들은
너희에게 대하여 일컫는 바 그 아름다운 이름을 비방하지 아니하느냐 [8]너희
가 만일 성경에 기록된 대로 네 이웃 사랑하기를 네 몸과 같이 하라 하신 최고
의 법을 지키면 잘하는 것이거니와 [9]만일 너희가 사람을 차별하여 대하면 죄
를 짓는 것이니 율법이 너희를 범법자로 정죄하리라 [10]누구든지 온 율법을 지

키다가 그 하나를 범하면 모두 범한 자가 되나니 [11]간음하지 말라 하신 이가 또한 살인하지 말라 하셨은즉 네가 비록 간음하지 아니하여도 살인하면 율법을 범한 자가 되느니라 [12]너희는 자유의 율법대로 심판 받을 자처럼 말도 하고 행하기도 하라 [13]긍휼을 행하지 아니하는 자에게는 긍휼 없는 심판이 있으리라 긍휼은 심판을 이기고 자랑하느니라.

혹시 차별 대우를 받은 적이 있습니까? 아무런 잘못을 하지 않았는데 외적 조건이 부족하거나 다르다고 해서 누군가에게서 차별당한 적이 있는지 모르겠습니다. 그때 기분이 어땠습니까? 아마 모르긴 몰라도 상당히 불쾌했을 것입니다. 그러면 한 가지 질문을 더 드리겠습니다. 지금까지 살아오면서 누군가를 차별한 적이 있습니까?

오늘 본문은 사람을 차별하는 것에 대한 말씀입니다. 차별은 사람을 진정한 가치, 즉 인격이나 존엄에 따라 대하지 않고 외적 조건, 다시 말하면 소유나 지위, 출신이나 외모 등에 따라 대하는 것을 의미합니다. 이러한 차별은 과거에도 있었지만 오늘날처럼 심하지는 않았습니다.

현대인들은 내면세계보다 외적 조건으로 사람을 판단하는 경향이 있습니다. 요즘은 내면이 어떤가는 상관없이 외모가 좋으면 성공할 수 있습니다. 내면이 더러움으로 가득 차도 외적 조건이 좋으면 환영받습니다. 반대로 아무리 내면세계가 좋고 깨끗해도 외적 조건이 안 좋으면 사회에서 환영받지 못합니다. 이것이 오늘날 우리가 살고 있는 사회의 모습입니다.

구원받은 성도는 이러한 사회에서 어떻게 사람을 차별하지 않고 올바로 대할 수 있을까요? 이것이 오늘 하나님이 야고보서를 통해서 저와 여러분에게 주시는 말씀입니다. 오늘 본문은 크게 네 단락으로 나눌 수 있습니다.

첫째 단락에서는 명령을 내립니다. 사람을 차별하여 대하지 말라는 명령입니다. 이것은 하나님이 교회에 내리신 엄중한 명령입니다. 둘째는 실례를 듭니다. 사람을 차별하여 대하는 것은 무엇입니까? 야고보는 우리 주변에서 일어나는 일로 예를 듭니다. 셋째는 그에 관한 설명입니다. 우리가 왜 사람을 차별하면 안 됩니까? 본문은 이를 구체적으로 설명합니다. 그리고 마지막으로 자세입니다. 우리가 어떻게 사람을 차별하지 않고 인생을 살아갈 수 있는지 말씀합니다.

1. 명령: 사람을 차별하여 대하지 말라

오늘은 본문의 흐름에 따라 설교하려고 합니다. 첫째로 나오는 것이 명령입니다. 이미 말씀드린 대로 이 명령은 간단합니다. "사람을 차별하여 대하지 말라." 하나님의 명령은 간결하지만 매우 강력합니다. 야고보는 이 명령을 강조하기 위해 대조법을 사용하고 있습니다. 2장 1절은 이렇게 말씀합니다.

> "내 형제들아 영광의 주 곧 우리 주 예수 그리스도에 대한 믿음을 너희가 가졌으니 사람을 차별하여 대하지 말라"(약 2:1).

왜 사람을 차별하여 대하면 안 됩니까? 성경은 우리에게 그리스도를 믿는 믿음이 있기 때문이라고 말씀합니다. 그러면 우리가 믿는 그리스도는 어떤 분입니까? 야고보는 이렇게 표현합니다. "영광의 주 곧 우리 주 예수 그리스도." 신학자들은 이 표현을 그리스도를 높이는 가장 심오한 신학적 표현이라고 합니다.

그러므로 이 구절은 이렇게 설명할 수 있습니다. 우리의 창조주시고, 구원자시며, 장차 모든 만물을 심판하실 그분을 믿는다면, 사람을 차별해서는 안 된다는 것입니다. 그리스도에 대한 믿음과 사람 차별은 절대 양립할 수 없습니다. 누군가 그리스도를 믿는다고 하면서 사람을 차별한다면 그의 믿음은 가짜입니다. 그는 진정으로 그리스도를 따르는 자가 아닙니다.

어떤 믿음이 진짜입니까? 사람을 차별하지 않는 믿음입니다. 어떤 믿음이 가짜입니까? 사람을 차별하는 믿음입니다. 믿음은 삶으로 드러나게 되어 있습니다. 우리를 구원하신 영광의 주 예수 그리스도를 믿는다면 사람을 차별하지 말아야 합니다.

2. 실례: 사람을 차별하여 대하는 것은 구체적으로 무엇인가?

그러면 사람을 차별하여 대하는 것은 구체적으로 무엇입니까? 야고보는 당시 교회 안에서 일어나는 일들을 예를 들어 설명합니다. 초대교회 성도들은 종종 유대인의 회당에서 모였습니다. 야고보는 회당에서 어떤 일이 일어났는지 우리에게 알려 줍니다.

야고보는 2절에서 '만일'이라는 단어를 사용했지만 당시 교회 안에서 일어나는 일을 설명하고 있습니다. 한 사람이 회당에 들어옵니다. 그런데 그의 옷차림이 예사롭지 않습니다. 명품으로 휘감았습니다. 그가 입은 옷차림으로 볼 때 재력이 있거나 지위가 아주 높은 사람임을 한눈에 알 수 있습니다. 그러자 안내하는 사람이 그를 중앙에 있는 귀빈석에 앉힙니다.

얼마 후 남루한 차림을 한 사람이 회당에 들어옵니다. 그러자 안내하는 사람이 그를 대놓고 무시하면서 뒷자리 구석에 앉든지 아니면 저리 가라고 하며 쫓아냅니다. 야고보는 1세기 교회에서 이런 일이 일어났다고 설명합니다.

그러면 오늘날은 어떻습니까? 우리는 모두 예의범절을 배웠기 때문에 대놓고 사람을 무시하지는 않습니다. 어느 누가 교회에서 사람을 면전에 대놓고 무시하겠습니까? 그런 사람은 드뭅니다. 그러나 문제는 보이지 않는 마음에 있습니다. 여러분은 교회에서 사람을 어떻게 대합니까? 저는 지금 여러분의 마음을 묻는 것입니다. 야고보의 말로 설명해 보겠습니다.

어떤 사람이 벤츠를 몰고 교회에 나왔습니다. 그의 옷차림을 보니 보통 사람이 아닙니다. 알고 보니 상당한 재력과 지위가 있는 사람이었습니다. 그러면 여러분은 그를 어떻게 대합니까? 혹시 그의 내면세계와 그리스도에 대한 삶의 헌신이 어떤지 전혀 모르면서 화려한 외적 조건만 보고 그를 존중하고 깍듯이 예의를 갖춥니까? 그렇게 해오셨습니까? 만약 그렇다면, 여러분은 하나님이 그토록 금하시는 일, 즉 사람을 차별하고 있는 것입니다.

다른 한 사람이 교회에 나옵니다. 그의 차는 초라하기 그지없습니다. 작고 낡은 차는 얼마나 오래되었는지 매연을 풀풀 풍깁니다. 그리고 그 사람이 차에서 내리는데 변변찮은 옷을 걸치고 있습니다. 하지만 여러분은 그가 얼마나 주님을 사모하는지, 그의 신앙에 대해 전혀 모릅니다. 비록 재력은 없어 보이지만 골방에 들어가 하나님께 간절하게 기도하는 사람인지도 모릅니다. 그럼에도 단순히 옷차림이 초라하기 때문에 은근히 그를 마음속으로 무시하지는 않습니까? 만약 그렇다면, 여러분은 사람을 차별하고 있는 것입니다.

'사람을 차별하다'에 해당하는 헬라어 단어는 '프로소폴렘시아(prosōpolēmteō)'입니다. 직역하면 '사람을 외모로 취하다'입니다. 즉 얼굴로 사람을 취하고 외적 조건으로 그 사람의 내면세계를 평가하는 것입니다. 미국에서는 피부색으로 사람을 판단하는 인종차별이 심각한 사회문제가 되고 있습니다. 그래서 법적으로 인종차별을 금지하고 있습니다. 백인들은 늘 대놓고 흑인을 무시합니다. 누군가 우리에게 "인종차별이 오늘 본문이 말하는 사람 차별에 해당합니까?"라고 묻는다면 우리는 "그렇다"라고 대답할 것입니다.

그러면 질문을 이렇게 바꾸어 보겠습니다. "인종차별이 사람을 차별하는 것이라면, 지방색은 어떻습니까?" 만일 여러분이 경상도 사람인데, 어떤 사람의 신앙과 내면세계를 알아보지 않고 그가 단순히 전라도 사람이라는 이유만으로 배척한다면 그것은 사람을 차별하는 것일까요? 대답은 "그렇다"입니다. 진보와 보수는 어떻습니까? 우파와 좌파는 어떻습니까? 만일 여러분이 우파를 지지하는데, 옆자리에 앉아 함께 예배드리는 지체가 좌파를 지지한다고 합시다. 그 사실을 알고 나서 그의 신앙의 깊이나 내면세계, 하나님을 사모하는 마음과 아무런 상관없이 그가 좌파를 지지한다는 이유만으로 그를 배척한다면 그것은 사람을 차별하는 것일까요? 대답은 "그렇다"입니다.

그러면 장애인은 어떻습니까? 교회에서 누가 장애인을 대놓고 멸시하겠습니까? 그러나 마음속으로는 장애인 옆자리에 앉기를 꺼립니다. '오늘 별로 재수가 없구나' 하며 싫어합니다. 정말 마음을 열고 그의 아픔을 보듬어 준 적이 있습니까? 휠체어를 밀어 주고 싶은 마음이 간절해서 잡아 준 적이 있습니까? 이혼한 사람은 어떻습니까? 성경은 이혼을 금지합니다. 그러나 이혼당한 사람들도 있습니다. 아니, 예수님을 믿기 전에 이혼한 사람들도 있습니다. 예수님을 믿고 나서 지난 삶을 후회하며 하나님 앞에서 간절하게 살아가는 사람들이 있습니다. 이혼한 사람들을 대하는 여러분의 태도는 어떻습니까? 마음속으로 손가락질하며 낙인을 찍어 버리지는 않습니까? 사람을 차별하는 것은 바로 우리의 문제입니다. 나 자신의 문제고, 여러분의 문제입니다. 그래서 하나님이 이 주제를 다루시는 것입니다.

하나님은 마음속으로 사람을 차별하는 생각이 그리스도인이 품어서는 안 될 악한 생각이라고 말씀합니다. 그리스도를 믿는 믿음과 사람을 차별하는 악한 생각은 절대 양립할 수 없습니다. 둘 중 하나입니다. 누군가 사람을 차별합니까? 그러면 그는 예수님을 안 믿는 것입니다. 정말로 구원의 하나님을 믿는다면 사람을 차별할 수 없습니다.

3. 설명: 왜 우리는 사람을 차별하지 말아야 하는가?

그러면 왜 우리는 사람을 차별하지 말아야 합니까? 야고보는 두 가지 명백한 이유를 제시합니다.

(1) 사람을 차별하는 것이 하나님이 일하시는 방식과 일치하지 않기 때문이다

우리가 사람을 차별하지 말아야 할 첫째 이유는 하나님이 일하시는 방식과 일치하지 않기 때문입니다. 차별은 하나님이 역사하시는 방법이 아닙니다. 2장 5-6절은 이렇게 말씀합니다.

> "내 사랑하는 형제들아 들을지어다 하나님이 세상에서 가난한 자를 택하사 믿음에 부요하게 하시고 또 자기를 사랑하는 자들에게 약속하신 나라를 상속으로 받게 하지 아니하셨느냐 너희는 도리어 가난한 자를 업신여겼도다 부자는 너희를 억압하며 법정으로 끌고 가지 아니하느냐"(약 2:5-6).

이 구절은 해석이 필요합니다. 부자가 나쁘다는 말씀이 아니기 때문입니다. 당시 초대교회의 상황을 알아야 이 구절을 오해하지 않습니다. 당시는 우리가 아는 대로 로마가 세계를 지배하던 시절입니다. 노예가 많았고, 일반 시민들조차 인권이 거의 없었습니다. 사회 전체적으로 가진 자가 없는 자를 억압하는 구조였습니다. 우리나라도 문민정부 이전에 독재 정권 시기가 있었습니다. 가진 자가 없는 자를 많이 탄압했습니다. 지금은 얼마나 달라졌는지 모릅니다.

오늘 말씀은 이런 뜻입니다. "사회에서 가진 자들이 가난한 자들을 억압하고 있는데, 너희는 어째서 많이 소유했다는 이유 하나만으로 있는 자들을 그렇게 우대하느냐? 사회에서 없는 자가 가진 자들에게 핍박받고 있는데 어째서 가난하다는 이유 하나만으로 교회에서도 없는 자를 무시하느냐?"

야고보는 우리에게 하나님의 일하심을 보라고 말합니다. 하나님은 어떻게 역사하십니까? 그분은 억압받는 자들을 위로하고 그들에게 구원의 선물을 베푸십니다. 다시 말하면, 하나님은 부자나 가난한 자나 외모가 아닌 중심을 보시므로 구원을 사모하는 모든 자에게 그분의 은혜를 베푸십니다. 그런데 "구원받았다고 하는 너희는, 하나님을 아버지라고 부르는 너희는 하나님이 일하시는 방향과 정반대로 사람을 외모로 취하느냐!"라고 말씀합니다. 왜 우리가 사람을 차별하지 말아야 합니까? 우리 아버지 하나님이 일하시는 방식과 정반대되기 때문입니다.

(2) 사람을 차별하는 것이 하나님의 계명과 일치하지 않기 때문이다

야고보는 둘째 이유를 이렇게 말합니다. 사람을 차별하는 것이 하나님의 계명과 일치하지 않기 때문이라고 말입니다. 하나님이 우리에게 주신 모든 계명을 예수님은 두 가지로 요약하셨습니다. 위로는 하나님 사랑, 옆으로는 이웃 사랑입니다. 십계명 가운데 여섯 계명이 이웃에 대한 계명입니다. 그 여섯 계명과 구약에 나오는 모든 이웃에 대한 계명을 예수님은 단 한 계명으로 요약해 주셨습니다. 야고보는 이 명령을 자신의 논리에 맞추어 위대한 '최고의 법'이라고 부릅니다. 2장 8-9절은 이렇게 말씀합니다.

> "너희가 만일 성경에 기록된 대로 네 이웃 사랑하기를 네 몸과 같이 하라 하신 최고의 법을 지키면 잘하는 것이거니와 만일 너희가 사람을 차별하여 대하면 죄를 짓는 것이니 율법이 너희를 범법자로 정죄하리라"(약 2:8-9).

야고보는 이러한 논리를 폅니다. 수많은 율법이 있는데 그 가운데 한 율법을 범하면 다른 모든 율법을 범한 것이라고 말합니다. 그 논리에 따르면 간음하지 않아도 살인을 하면 간음한 거나 마찬가지입니다. 즉 이렇게 말하는 것과 같습니다. "하나의 율법을 범하면 모든 것을 범한 것과 같은데 하물며 그 모든 율법을 종합한 최고의 법인 이웃 사랑의 법을 어긴다면 범법자가 아니냐? 하나님의 법을 어기지 않았다고 할 수 있느냐?"

사람 차별은 바로 최고의 법인 이웃 사랑의 법을 어긴 것입니다. 이웃 사랑의 법에서 볼 때 사람을 차별하는 것은 하나님 앞에서 모든 율법을 지키지 않은 것과 같습니다. 이것이 우리가 사람을 차별하지 말아야 할 이유입니다. 사람을 차별하는 것은 하나님이 일하시는 방법과 맞지 않습니다. 사람을 차별하는 것은 하나님이 주신 최고의 계명을 어기는 것이요 모든 율법을 어기는 것과 같기 때문입니다.

4. 자세: 어떻게 사람을 차별하지 않을 수 있는가?

그러면 우리가 어떻게 해야 사람을 차별하지 않을 수 있을까요? 야고보는 이제 결론을 맺으며 본문에서 두 가지를 말합니다. 하나님이 그토록 금하시는 모든 율법을 어기는, 하나님의 방향과 역행하는 이 엄청난 죄를 짓지 않기 위해서는 두 가지를 해야 한다고 말합니다.

(1) 자유의 율법이 삶의 기준이 되게 하라

먼저 자유의 율법이 삶의 기준이 되게 하라고 말합니다. 2장 12절은 이렇게 말씀합니다.

> "너희는 자유의 율법대로 심판받을 자처럼 말도 하고 행하기도 하라" (약 2:12).

자유의 율법이 무엇일까요? 복음의 법입니다. 사랑의 법입니다. 여러분, 기억하십니까? 최후의 만찬에서 예수님은 제자들에게 딱 하나의 계명만을 주셨습니다. 저와 여러분에게 예수님이 주신 계명은 딱 하나입니다. 그 분부는 무엇입니까? "너희는 가서 제자 삼으라!" 아주 간단합니다. 제자 삼으라는 것입니다. 그렇다면 계명은 무엇입니까? "서로 사랑하라!"

우리 그리스도인은 언젠가 하나님 앞에서 외모가 아니라 마음에 있는 사랑의 동기로 판단받을 것입니다. 그런데 우리가 어떻게 사람을 차별하지 않을 수 있습니까? 사회는 그런 식으로 흘러가는데 어떻게 이런 사회 분위기를 거슬러 사람을 차별하지 않을 수 있습니까? 방법은 하나입니다. 하나님이 우리 옆에 보내신 사람들을 그분의 사랑으로 사랑하는 것입니다. "새 계명을 너희에게 주노니 서로 사랑하라 내가 너희를 사랑한 것같이 너희도 서로 사랑하라." 하나님의 사랑으로 서로 사랑하는 것입니다. 우리 옆의 형제를 하나님이 우리를 사랑하신 대로 사랑한다면 그가 조금 못생기고 장애를 가졌다고, 이혼했다고, 부족하거나 못 배웠다고 어떻게 함부로 무시할 수 있겠습니까! 불가능한 일입니다. 하나님의 사랑으로 형제를 사랑하기 바랍니다.

(2) 하나님의 긍휼로 다른 사람을 대하라(용납하라)

사람을 차별하지 않는 둘째 방법은 하나님의 긍휼로 다른 사람들을 용납하는 것입니다. 2장 13절은 이렇게 말씀합니다.

> "긍휼을 행하지 아니하는 자에게는 긍휼 없는 심판이 있으리라 긍휼은 심판을 이기고 자랑하느니라"(약 2:13).

현대 사회는 자신보다 못하거나 약한 자를 짓밟습니다. 그러나 세상의 기류와 상관없이 그리스도인은 어떻게 해야 합니까? 우리보다 약하고 못난 사람들을 긍휼히 여겨야 합니다. 왜 그럴까요? 우리가 하나님의 긍휼하심으로 말미암아 이 자리에 서 있기 때문입니다. 그분의 긍휼하심으로 말미암아 구원을 얻었기 때문입니다.

우리가 서로 용납하지 못하는 이유가 있습니다. 그 가운데 하나가 용납과 인정의 차이를 혼돈하기 때문입니다. 이것을 혼돈하면 사람을 용납할 수 없습니다. 용납과 인정은 엄연히 다릅니다. 만일 여러분 옆에 있는 사람이 하나님의 기준에 못 미쳤습니까? 죄를 지었습니까? 그러면 그의 삶을 인정해서는 안 됩니다. 여기서 오해하면 안 됩니다. 성경은 죄를 용납하라고 말한 적이 없습니다. 우리는 그의 삶을 인정하면 안 됩니다. 잘못된 길을 가는 사람의 삶을 인정하면 안 됩니다.

잘못된 길은 인정할 수 없지만, 그 사람은 용납할 수 있습니다. 이것을 혼돈하지 마십시오. 하나님은 저와 여러분의 잘못을 인정하신 적이 없습니다. 그것은 죄라고 분명히 지적하십니다. 티끌만 한 죄나 큰 죄나 똑같이 보십니다. 그러나 하나님은 우리를 용납해 주셨습니다. 이것이 바로 긍휼입니다. 기억하십시오. 우리가 아직 죄인되었을 때에 그리스도께서 우리를 위해 십자가에서 죽으셨습니다. 이것이 긍휼입니다.

감리교의 창시자 존 웨슬리(John Wesley)가 사역하던 당시 기독교는 여러 교파로 나뉘어 있었습니다. 교파끼리 얼마나 미워했는지 모릅니다. 요즘은 교파의 벽이 많이 무너졌지만 부산은 아직도 심합니다. 저는 아직 몇몇 교회에는 설교하러 가지 못합니다. 그 이유를 아십니까? 집사님들이 목사님과 당회와 상의하지 않고 저를 강사로 초빙한 교회가 있었습니다. 제가 가겠다고 했는데 얼마 후에 그 교회에서 전화가 왔습니다. 당회에서 통과가 안 되었다고 말합니다. 그 이유를 물었더니 침례교 목사라서 그랬다는 것입니다. 저는 아직도 그 교회의 강단에 못 서 봤습니다.

존 웨슬리가 사역하던 당시는 교파의 벽이 훨씬 더 심했습니다. 장로교, 성공회, 감리교 사이에 심한 장벽이 있었습니다. 교파가 다르면 서로 등을 돌렸습니다. 서로가 잘못된 것을 믿는다고 여겨서 교제하지 않았고 자녀 결혼도 안 시키려고 했습니다.

그러던 어느 날, 존 웨슬리가 꿈을 꾸게 되었습니다. 그 꿈이 그의 인생을 바꿔 놓습니다. 꿈에 천사가 그를 지옥으로 데려갔는데, 문지기가 있어서 호기심에 물어보았습니다. “여기에 장로교인들이 있습니까?” 문지기가 대답했습니다. “많지요.” 그는 마음속으로 기뻐했습니다. ‘그래, 그게 당연하겠지.’ 장로교인 가운데 구원받은 사람도 있지만 못 받은 사람이 많았습니다. 그가 다시 물었습니다. “침례교인들이 있습니까?” 문지기가 대답했습니다. “많지요.” 역시 기뻤습니다. 그가 다시 물었습니다. “성결교인들이 있습니까?” 문지기가 대답했습니다. “많지요.” 그리고 마지막으로 그냥 지나칠까 하다가 혹시나 해서 질문했습니다. “감리

교인들도 있습니까?" 문지기가 대답했습니다. "많지요." 그는 너무 놀랐습니다.

이번에는 천사가 천국으로 데려갔습니다. 그는 거기서도 문지기에게 물어보았습니다. "여기에 장로교인들이 있습니까?" 문지기가 대답했습니다. "없습니다." 그가 기뻐하며 다시 물었습니다. "침례교인들이 있습니까?" 문지기가 대답했습니다. "없습니다." 그래도 혹시나 하고 물었습니다. "감리교인들이 있습니까?" 그는 감리교인은 있을 거라고 생각하여 물어본 것입니다. 그런데 그들 역시 없다는 대답을 들었습니다. 그래서 존 웨슬리는 깜짝 놀랐습니다. "아니 장로교인도 없고, 침례교인도 없는 건 이해되지만 어떻게 감리교인도 없단 말입니까!" 천사가 말했습니다. "이곳에는 단 한 종류의 교파, 한 종류의 사람만 있습니다." 존 웨슬리가 물었습니다. "누구입니까?" 그러자 천사가 대답했습니다. "그리스도인입니다." 그 꿈에서 깬 후에 존 웨슬리는 바뀌었습니다.

우리 교회에도 단 한 종류의 사람만 있습니다. 구원받은 하나님의 자녀만 있습니다. 기억하십시오. 한 종류의 사람만 있습니다. 가진 자와 못 가진 자, 배운 자와 못 배운 자, 건강한 자와 장애인, 건강한 결혼을 유지하는 자와 이혼자 같은 구분은 전혀 없습니다. 성령이 역사하시는 교회라면 어떠해야 합니까? 한 종류의 사람만 있어야 합니다. 진보나 보수, 좌파나 우파도 없습니다. 오직 한 종류의 사람만 있습니다.

때로 하기 어려운 설교들이 있습니다. 저는 어젯밤에 잠을 잘 자지 못했습니다. 왜 그랬을까요? 이 말씀을 묵상하면서 제 안에 사람을 차별하는 모습이 있다는 걸 깨달았습니다. 저도 모르게 그렇게 살아왔다는 걸 깨닫게 되었습니다. 회개의 눈물을 얼마나 많이 쏟았는지 모릅니다. 우리는 모두 연약한 존재입니다. 이 말씀 앞에 떳떳할 사람이 과연 누가 있겠습니까? 우리는 사회에서 그렇게 교육받고 그렇게 자라 왔습니다. 그러나 지금까지 어떻게 살아왔든지 이 말씀을 대하고 나서는 달라져야 합니다.

우리에게는 삶의 변화가 필요합니다. 진정한 믿음은 삶으로 나타나야 합니다. 사랑하는 성도 여러분, 혹시 자신도 모르게 사람을 차별해 왔다면 이 자리에서 끝냅시다. 그리고 모든 사람을 하나님의 긍휼과 사랑으로 대합시다.

6장

참된 믿음은 행함으로 나타난다

야고보서 2:14-26

14내 형제들아 만일 사람이 믿음이 있노라 하고 행함이 없으면 무슨 유익이 있
으리요 그 믿음이 능히 자기를 구원하겠느냐 15만일 형제나 자매가 헐벗고 일
용할 양식이 없는데 16너희 중에 누구든지 그에게 이르되 평안히 가라, 덥게 하
라, 배부르게 하라 하며 그 몸에 쓸 것을 주지 아니하면 무슨 유익이 있으리요
17이와 같이 행함이 없는 믿음은 그 자체가 죽은 것이라 18어떤 사람은 말하기
를 너는 믿음이 있고 나는 행함이 있으니 행함이 없는 네 믿음을 내게 보이라
나는 행함으로 내 믿음을 네게 보이리라 하리라 19네가 하나님은 한 분이신
줄을 믿느냐 잘하는도다 귀신들도 믿고 떠느니라 20아아 허탄한 사람아 행함
이 없는 믿음이 헛것인 줄을 알고자 하느냐 21우리 조상 아브라함이 그 아들
이삭을 제단에 바칠 때에 행함으로 의롭다 하심을 받은 것이 아니냐 22네가
보거니와 믿음이 그의 행함과 함께 일하고 행함으로 믿음이 온전하게 되었느
니라 23이에 성경에 이른 바 아브라함이 하나님을 믿으니 이것을 의로 여기셨
다는 말씀이 이루어졌고 그는 하나님의 벗이라 칭함을 받았나니 24이로 보건
대 사람이 행함으로 의롭다 하심을 받고 믿음으로만은 아니니라 25또 이와 같

이 기생 라합이 사자들을 접대하여 다른 길로 나가게 할 때에 행함으로 의롭다 하심을 받은 것이 아니냐 [26]영혼 없는 몸이 죽은 것같이 행함이 없는 믿음은 죽은 것이니라.

야고보서 전체 주제를 한 문장으로 말하면 이것입니다. "참된 믿음은 행함으로 나타난다." 그 전체의 주제가 오늘 본문에 나옵니다. 그러므로 오늘 본문은 야고보서에서 가장 중요한 단락이라 할 수 있습니다.

그런데 이 중심 주제 단락을 읽다가 어떤 사람들은 혼란에 빠집니다. 야고보서 전체는 물론이고 이 단락이 행함을 강조하기 때문입니다. 특히 본문의 한 구절, 즉 2장 24절에 이르면 혼란이 극에 달합니다.

"이로 보건대 사람이 행함으로 의롭다 하심을 받고 믿음으로만은 아니니라"(약 2:24).

우리는 지금까지 어떻게 배워 왔습니까? 사람은 무엇으로 구원받습니까? 네, 믿음으로 구원받는다고 배웠습니다. 사도 바울은 로마서 3장 28절에서 이렇게 말합니다.

"그러므로 사람이 의롭다 하심을 얻는 것은 율법의 행위에 있지 않고 믿음으로 되는 줄 우리가 인정하노라"(롬 3:28).

바울은 믿음으로 의롭다 함을 얻는다고 하는데, 야고보는 행함으로 의롭다 함을 받는다고 말합니다. 그러면 이 둘은 상충되는 것입니까? 바로 여기에 우리의 고민이 있습니다. 사람은 과연 믿음으로 의롭다 함을 받습니까? 아니면 행함으로 의롭다 함을 받습니까? 야고보는 지금 은혜의 복음을 부인하고 있는 것일까요? 이 오해를 풀어야 이 단락은 물론이고 야고보서 전체를 제대로 이해할 수 있습니다.

먼저 분명히 알아야 할 것은, 바울과 야고보는 복음에 다른 의견을 갖고 있지 않다는 점입니다. 사도행전 15장에는 교회사에서 아주 중요한 자리를 차지하는 예루살렘 회의가 기록되어 있습니다. 그 회의가 중요한 이유는 바로 그곳에서 바울이 전하는 은혜의 복음, 즉 믿음으로 구원받는 교리를 확증했기 때문입니다. 그 당시 많은 유대인은 오직 믿음으로 구원받는다는 바울의 복음 교리에 반론을 펴고 반대했습니다.

그때 바울의 은혜 복음을 적극 지지하여 모든 교회가 하나님의 은혜의 복음을 받아들이도록 앞장선 사람이 예루살렘 교회의 지도자 야고보였습니다. 그러므로 바울과 야고보의 은혜의 복음에 대한 의견은 일치했습니다.

그렇다면 우리 눈에 상반되어 보이는 그들의 주장을 어떻게 연결해 받아들일 수 있을까요? 그에 대한 답은 문맥과 단어의 뜻에 놓여 있습니다. 저는 오늘 본문에서 세 가지 단어를 주의 깊게 살펴보려 합니다.

'의롭다 함을 받음'에서 바울과 야고보의 차이

먼저 우리가 살펴볼 단어는 '의롭다 함을 받는다'는 뜻을 지닌 헬라어 '디카이오우'(dikaioō)입니다. '디카이오우'는 두 가지 뜻을 내포하고 있습니다. 첫째, 법적인 정의로 이 단어가 사용되었습니다. 어떤 사람이 유죄임에도 법적으로 무죄 선고를 받는 것을 의미합니다. 둘째, 행위로 그 내면의 의가 밖으로 드러나는 것을 의미합니다. 그때도 '디카이오우'라는 단어를 썼습니다.

신분적 구원과 과정적 구원을 떠올리면 아마 도움이 될 것입니다. 우리는 예수님을 믿는 순간, 신분으로나 법적으로 의롭다 함을 받습니다. 사실 우리는 의롭지 않습니다. 우리 안에 여전히 죄가 있습니다. 그런데 하나님은 우리를 법적으로 의롭다 하십니다. 의롭다 함을 받은 우리는 어떻게 살아야 합니까? 하나님이 주신 법적인 의로움, 즉 칭의를 얻은 사람은 그 의를 삶 속에서 나타내야 합니다. 이것을 과정적 구원이라고 합니다.

바울과 야고보는 동전의 양면처럼 두 가지 뜻을 지닌 '의롭다 함을 받는다'는 말을 각기 다른 의미로 사용하고 있습니다. 바울은 법적인 의미로 사용했고, 야고보는 지금 나타나는 의, 드러내야 할 의를 말하고 있습니다. 그래서 신학자 D.A. 하이즈는 이렇게 말했습니다. "바울은 구원의 뿌리를 보았고, 야고보는 구원의 열매를 보았다." 이 얼마나 멋진 말입니까!

구원의 뿌리는 무엇일까요? 우리가 구원받을 때 아무것도 더함 없이 오직 믿음으로만 구원받는다는 것을 말합니다. 그러면 구원의 열매는 무엇일까요? 야고보가 본 구원의 열매는 구원받은 뒤, 즉 믿음의 뿌리가 내려진 후 우리 삶에 선행의 열매가 나타나는 것입니다.

어떤 신학자는 이렇게 대조하기도 했습니다. "바울은 인생을 하나님의 관점에서 보았고, 야고보는 인생을 인간의 관점에서 보았다." 바울은 의롭다 함을 받는다는 말을 아직 죄인이지만 하나님이 보시기에 의롭다고 선포되었다는 의미로 사용합니다. 이것은 은혜의 선물입니다. 그러나 야고보는 이 은혜의 선물을 이미 체험한 신자들에게 말하고 있습니다. 그래서 의롭다 함을 받는다는 말을 하나님이 주시는 영생의 선물을 받았음을 나타내기 위해 사람들 앞에서 의를 보여 주어야 한다는 의미로 사용합니다.

'행함'에서 바울과 야고보의 차이

바울과 야고보가 사용한 의롭다 함을 받았다는 용어만 서로 다른 것이 아니라 본문에 나타난 행함의 뜻도 서로 다릅니다. 그들이 사용한 '행함'의 뜻을 아우구스티누스는 이렇게 설명했습니다. "바울은 믿음에 앞선 행함을 논했고, 야고보는 믿음 이후의 행함을 논했다."

저는 아우구스티누스의 글을 읽고 얼마나 기뻤는지 모릅니다. 정말 그가 천재라는 생각이 들었습니다. 바울은 믿음에 앞선 행함을 논했고, 야고보는 믿음 이후의 행함을 논했다는 말이 무슨 뜻일까요? 바울은 행함과 구원의 관계를 설명하면서 예수님을 믿기 이전의 행함, 즉 믿음과 상관없는 행함을 논했습니다. 바울이 말하는 행함은 율법주의자의 행함이요 그리스도를 믿지 않는 자들의 행함이므로 야고보가 말하는 행함과는 다른 의미입니다.

쉽게 말하면, 우리는 절대 행함으로 구원받을 수 없습니다. 예수님을 믿기 전에는 누구라도 행함으로 구원받을 자는 없습니다. 그러나 예수님을 믿고 나서 우리는 삶 속에서 믿음을 행해야 합니다. 행함이 중요합니다. 이것이 바울과 야고보의 다른 관점입니다. 의롭다 함을 받는다는 말을 서로 다르게 썼고 행함이라는 말도 서로 다르게 썼기에 혼란이 있을 수 있습니다.

'믿음'에서 바울과 야고보의 차이

마지막으로 우리가 알아야 할 것은 믿음이라는 단어의 뜻입니다. 야고보는 믿음 자체가 아니라 죽은 믿음을 경계하라고 했습니다. 죽은 믿음이란 무엇입니까? 실제로는 믿지 않으면서 믿는 척 주장하는 것입니다. 귀신들도 가지고 있는 지식적으로만 아는 믿음입니다. 야고보는 행함이 없는 믿음은 죽은 믿음이라고 이야기합니다. 2장 14절은 이렇게 말씀합니다.

> "내 형제들아 만일 사람이 믿음이 있노라 하고 행함이 없으면 무슨 유익이 있으리요 그 믿음이 능히 자기를 구원하겠느냐"(약 2:14).

전체적인 문맥을 놓고 볼 때, 야고보는 지금 믿음을 부정하고 있는 것이 아니라 행함이 없는 죽은 믿음을 부정하고 있습니다. 2장 17절은 이렇게 말씀합니다.

"이와 같이 행함이 없는 믿음은 그 자체가 죽은 것이라"(약 2:17).

결국 바울과 야고보는 같은 은혜의 복음을 이야기하고 있는 것입니다. 그렇다면 야고보가 강조하는 행함이 있는 참된 믿음은 무엇입니까? 야고보는 우리가 알기 쉽게 일상의 예를 들어 말합니다. 믿음은 행함이지 지식이 아니기 때문입니다. 우리가 어떻게 하면 참된 믿음으로 신앙생활을 할 수 있을까요? 야고보는 세 가지를 강조했습니다.

(1) 참된 믿음은 형제의 어려움에 적극 개입한다

첫째, 참된 믿음은 형제의 어려움에 적극 개입합니다. 죽은 믿음을 갖지 않으려면 이 말씀을 기억하기 바랍니다. 야고보는 교회 공동체에서 쉽게 적용할 수 있는 참된 믿음의 예를 제시하며 2장 15-16절에서 이렇게 질문합니다.

"만일 형제나 자매가 헐벗고 일용할 양식이 없는데 너희 중에 누구든지 그에게 이르되 평안히 가라, 덥게 하라, 배부르게 하라 하며 그 몸에 쓸 것을 주지 아니하면 무슨 유익이 있으리요"(약 2:15-16).

야고보는 지금 수사의문문을 사용하고 있습니다. 수사의문문은 반어의문문이라고도 부르는데, 질문 형식을 취하고 있지만 사실은 강한 긍정을 강조하는 문학적 표현입니다. 그러므로 "무슨 유익이 있으리요?"라는 그의 질문은 '전혀 소용이 없다', '아무 유익도 없다'는 강조 용법으로 볼 수 있습니다.

야고보가 여기서 말하는 형제자매는 욕심을 갖고 자신의 필요를 말하는 자들이 아닙니다. 삶에 필요한 기본적인 것조차 없는 자들을 가리킵니다. 교회 공동체에서 이러한 사람들을 만나면 어떻게 해야 합니까? 당시 교회에는 그러한 사람들에게 도움의 손길을 내밀지 않은 채 말만 하는 자들이 많았습니다. 그들은 어려움에 처한 사람들에게 “평안히 가라, 덥게 하라, 배부르게 하라”고 말만 했습니다. 오늘날 교회에서 흔히 쓰는 말로 하면 ‘기도할게요’ 정도가 될 것입니다. 그러나 그들은 아무런 행동도 취하지 않습니다. 야고보는 이것을 비난하고 지적하며 죽은 믿음이라고 말합니다. 우리 가운데 그렇게 행동하는 사람이 있습니까? 그런 사람의 믿음은 머리로만 아는 죽은 믿음입니다. 하나님과 아무런 상관없는 믿음입니다. 구원받은 자는 그렇게 살 수 없습니다.

우리는 신앙생활을 하면서 너 나 할 것 없이 어려운 사람들을 만나게 됩니다. 지금처럼 경제가 발전한 상황에서는 끼니를 걱정하는 사람이 그리 흔치 않습니다. 하지만 여전히 경제적으로 궁핍한 사람들이 있습니다. 또한 여러 가지 이유로 극심한 고난을 겪는 사람들을 만납니다. 그들은 관심과 들어 주는 귀와 기댈 어깨가 필요합니다. 사람은 누구나 도움이 필요합니다. 그런데 그들의 필요를 알고도 아무런 조치를 취하지 않는 것은 죽은 믿음입니다. 오늘날 교회에서 이러한 일들이 얼마나 빈번하게 일어나는지 모릅니다.

교회는 예배만 드리는 장소가 아닙니다. 교회는 그리스도의 몸입니다. 우리는 교회입니다. 다시 말하면 우리는 서로 연결되어 있습니다. 여러분이 정말로 구원받았다면, 그리스도 몸의 일원이라면 서로 연결되어 있어야 합니다. 그러나 수많은 현대인이 일주일에 한 번 교회에 나와

주일 대예배만 드리고 흩어집니다. 옆에서 함께 예배드리는 성도들의 삶을 전혀 모릅니다. 아니 알기를 원치 않습니다. 왜 그렇습니까? 알면 도와줘야 하고 엮이게 되니까 두려워하는 것입니다.

이것이 사람들이 대형 교회를 선호하는 이유입니다. 대형 교회에 가면 은혜로운 찬양이 있고 성가대가 있고 화려한 예배가 있습니다. 그러나 그들은 누구와도 연결되어 있지 않습니다. 이것은 참된 믿음이 아닙니다. 만약 그렇게 신앙생활을 하고 있다면, 여러분은 신자가 아닙니다. 교회 마당만 밟는 자일 뿐입니다.

교회는 서로 연결되어 있어야 합니다. 어려워도 연결되어 있어야 합니다. 이것이 목장 교회가 중요한 이유입니다. 우리 교회가 목장 교회를 강조하는 이유입니다. 목장 교회에 나오면 어떻게 됩니까? 서로 자연스럽게 알게 됩니다. 지체가 겪는 어려움이나 고민, 품고 있는 기도 제목을 알게 됩니다. 그때 우리는 어떻게 해야 합니까? 야고보는 참된 믿음이 있는 사람은 그러한 자들을 위해 행동한다고 말합니다. 요한은 요한일서 3장 17절에서 이렇게 반문합니다.

> "누가 이 세상의 재물을 가지고 형제의 궁핍함을 보고도 도와줄 마음을 닫으면 하나님의 사랑이 어찌 그 속에 거하겠느냐"(요일 3:17).

하나님의 사랑을 받은 증거는 형제에 대한 긍휼로 나타나야 합니다. 예수님을 이것을 강조하셨습니다. 진정한 사랑은 다른 사람에게 손길을 내밉니다. 참된 믿음은 긍휼의 행위를 낳습니다. 참된 믿음을 어렵게 생각하지 마십시오. 참된 믿음은 행하는 믿음입니다.

(2) 참된 믿음은 실생활에서 볼 수 있도록 드러난다

둘째, 참된 믿음은 실생활에서 볼 수 있도록 드러납니다. 야고보는 이 부분을 강조하기 위해 가상의 인물을 한 명 등장하게 합니다. 가상이라고 해서 이것이 현실 세계에 일어나지 않는다는 뜻은 아닙니다. 오히려 야고보가 가상의 인물이 등장하도록 설정한 이유는 이러한 생각이 성도들 안에 너 나 할 것 없이 많이 존재하고 있기 때문입니다. 2장 18은 이렇게 말씀합니다.

> "어떤 사람은 말하기를 너는 믿음이 있고 나는 행함이 있으니 행함이 없는 네 믿음을 내게 보이라 나는 행함으로 내 믿음을 네게 보이리라 하리라"(약 2:18).

아주 교묘한 논쟁입니다. 이 논쟁을 보면 믿음이 개인의 문제라고 주장하는 사람들이 떠오릅니다. 그들은 이렇게 말합니다. "나는 나름 믿음을 갖고 있어요. 당신이 내 믿음을 어떻게 알아요? 함부로 판단하지 마세요." 이런 사람은 수년 동안 지켜봐도 드러나는 열매가 하나도 없습니다. 그런데 자신에게 믿음이 있다고 주장합니다. 야고보는 그러한 자들에게 지금 말하고 있는 것입니다. 참된 믿음은 논쟁할 필요 없이 반드시 드러나게 되어 있습니다.

주님도 같은 말씀을 하셨습니다. 우리가 등불이며, 등불은 말 아래가 아니라 등경 위에 두어야 한다고 말씀합니다. 예수님은 마태복음 5장 16절에서 이렇게 말씀합니다.

"이같이 너희 빛이 사람 앞에 비치게 하여 그들로 너희 착한 행실을 보고 하늘에 계신 너희 아버지께 영광을 돌리게 하라"(마 5:16).

여기에서 '보고'라는 단어에 주목하십시오. 참된 믿음은 드러나야 합니다. 교회와 가정에서, 직장에서 드러나고 친구 사이에서도 드러나야 합니다. 여러분의 평판은 어떻습니까? 여러분이 속한 곳에서 어떤 평가를 듣습니까? 그 평판이 여러분의 믿음이라는 것을 기억하기 바랍니다. 수십 년을 믿어도 배우자에게조차 인정받지 못한다면 그것은 가짜 믿음이고 죽은 믿음입니다. 예수님과 아무 상관없는 믿음입니다. 귀신들도 아는 믿음에 불과합니다. 믿음은 드러나야 합니다.

(3) 참된 믿음은 머리가 아닌 손까지 전달된다

마지막으로 참된 믿음은 머리가 아닌 손까지 전달됩니다. 야고보는 또 다른 부류의 사람을 등장하게 합니다. 그는 진리에 대한 지식은 있지만 그 지식에 걸맞게 살지 않습니다. 그는 하나님이 한 분이심을 알고 있고, 기독교 교리에 지적으로 동의합니다. 성경 공부도 열심히 합니다. 그러나 그 진리가 마음속으로 파고들지 못하고 손이나 발까지 전달되지 않았습니다.

야고보는 신학 지식이 있으면서도 그와 상반되게 행동하는 자들을 사탄, 마귀와 비교합니다. 사탄도 하나님에 대한 지식이 있습니다. 우리가 아는 만큼 사탄도 알고 있습니다. 또한 야고보는 참된 믿음이 손과 발까지 나타나야 한다는 예로 구약의 두 사람을 말합니다. 한 사람은 우리가 잘 아는 아브라함이고, 다른 한 사람은 라합입니다.

모두에게 존경받는 믿음의 조상 아브라함과 하나님의 약속과 아무런 상관도 없고 평판도 나쁜 이방인이자 창녀인 기생 라합, 이처럼 극단적으로 대조되는 두 사람을 등장하게 해 야고보는 사람이 오직 믿음으로만 구원받음을 암시합니다. 신분이나 출신이 중요한 것이 아닙니다. 예수님을 믿기 전 삶이나 선한 행위가 아니라 믿음으로 구원받습니다.

그러면 그 믿음은 어떻습니까? 어떤 믿음이 우리를 구원합니까? 지식으로 아는 믿음입니까? 아닙니다. 행위가 따르는 참된 믿음입니다. 아브라함은 믿음으로 의롭다 함을 받았습니다. 그의 믿음은 참된 믿음이었습니다. 그의 믿음은 어디에서 드러났습니까? 창세기 22장에서 드러났습니다. 그때 아브라함은 하나님이 명하신 대로 이삭을 바쳤습니다.

저는 '천지창조'라는 영화를 아주 재미있게 보았습니다. 그 영화를 보면, 아브라함이 이삭을 돌 위에 올려놓고 왔다 갔다 합니다. 너무 고민이 되어 왔다 갔다 하며 이렇게 중얼거립니다. "이상하다. 나타나실 때가 되었는데. 말리실 때가 되었는데. 아니 이삭이 결혼이라도 했으면 되는데, 내가 여기서 이삭을 죽이면 안 되는데. 이삭의 몸을 통해 내 후손이 별처럼 많아진다고 했는데. 이상하다. 도저히 안 맞아. 안 맞아. 안 맞아." 그러나 그는 하나님을 믿는 믿음으로 이삭을 죽이려고 합니다. 이러한 결단과 행동이 중요합니다.

이처럼 참된 믿음은 행위로 나타납니다. 이스라엘 정탐군이 여리고에 왔을 때 기생 라합은 어떻게 했습니까? 그 믿음이 어떻게 드러났습니까? 정탐군을 숨겨 주는 행위로 드러났습니다. 발각되면 자신이 죽을 수도 있습니다. 야고보는 2장 22절에서 이렇게 결론을 내립니다.

> “네가 보거니와 믿음이 그의 행함과 함께 일하고 행함으로 믿음이 온전하게 되었느니라”(약 2:22).

이 구절은 짧지만 아주 중요한 구절입니다. “믿음이 그의 행함과 함께 일하고.” 정말 놀라운 표현 아닙니까? 믿음이 힘을 주어서 행함이 나타나게 된다는 것입니다. 참 믿음은 행함이 나타나도록 힘을 줍니다. 아브라함은 하나님을 믿었기에 이삭을 죽이려 했습니다. 믿음이 행위를 유발합니다. 정말로 믿으면 행하게 됩니다.

그러나 이어지는 말씀이 중요합니다. “행함으로 믿음이 온전하게 되었느니라.” 행함으로 믿음이 완성됩니다. 처음부터 믿어져서 행하는 경우도 있지만, 자꾸 행하다 보니 믿어지기도 합니다. 그런 예는 얼마든지 있습니다. 친구나 친척이 강권하여 교회에 나온 분이 많습니다. 처음부터 믿어져서 나온 사람은 거의 없습니다. 그냥 자꾸 교회에 나오다 보니까 믿음이 생겼습니다. 바로 이 이야기를 하는 것입니다.

부모가 자녀에게 ‘공부해라. 이렇게 살아라. 저렇게 살아라’ 하고 가르칩니다. 그것이 다 믿어지고 깨달아져서 행하는 아이들이 있습니까? 그렇지 않습니다. 그런데 순종적인 아이들은 부모의 말씀이고 부모를 신뢰하니까 그대로 행하는 것입니다. 그런데 그대로 행하다 보면 어떻게 됩니까? 그것이 사실로 나타납니다. 그래서 나중에는 ‘그렇구나. 이렇게 살아야 복을 받는구나! 맞구나!’ 하며 믿게 됩니다. 그러므로 믿음과 행함은 절대로 분리될 수 없습니다. 믿음 따로 행함 따로는 이단입니다. 야고보는 이제 마지막 결론을 내립니다.

"영혼 없는 몸이 죽은 것같이 행함이 없는 믿음은 죽은 것이니라" (약 2:26).

이제 추상적이고 관념적이며 감정적 신앙을 버리기 바랍니다. 저는 앞으로 이것을 많이 강조할 것입니다. 돌아보니, 저는 18년 동안 목회를 하면서 죄를 많이 지었습니다. 그것이 무엇인지 아십니까? 하나님이 여러분을 책망한 것이 아니라 목회자로서 저를 책망하셨습니다. 저는 신년 집회를 시작한 지 사흘밖에 되지 않았는데 절반도 나오지 않는 교인들을 책망하지 않았습니다. 그러나 이제는 책망할 것입니다. 모두 출석을 불러서 교구 목사님을 통해 책망할 것입니다. 앞으로 잘못 신앙생활하는 분이 있으면 제가 책망할 겁니다. 그것이 싫으면 교회를 떠나셔도 좋습니다.

저는 교인 수에 연연하지 않겠습니다. 우리 교회가 살아 있는 교회가 되고, 행함과 믿음이 같이 가는 교회가 되게 하겠습니다. 입술로만 믿음을 말하고 행함을 보이지 않고 섬기지 않아서 우리 교회의 짐이 되는 사람들을 더는 그냥 두지 않겠습니다.

저는 나쁜 목사, 욕을 먹는 목사가 되기로 결심했습니다. 이것은 제 성품하고 전혀 맞지 않습니다. 그러나 저는 이 일을 행할 것입니다. 행함이 없는 믿음은 죽은 믿음이기 때문입니다. 교인이 이렇게 많은데 주일학교 교사가 모자란다는 게 말이 됩니까! 주일학교 담당자 한 사람이 지난주에 저를 찾아왔습니다. "목사님, 교사가 네 명 부족한데, 제가 팻말을 들고 서 있을까요? 광고를 그렇게 많이 해도 오지 않아요."

주일 예배만 드리는 분들은 제 말을 잘 들으십시오! 둘 중에 하나를 택하셔야 합니다. 봉사의 자리를 찾든지 우리 교회를 떠나든지 하셔야 합니다. 저는 여러분을 밀어붙일 것입니다. 행함이 없는 믿음은 죽은 믿음이고, 죽은 믿음은 하나님과 아무런 상관이 없기 때문입니다. 저는 목회자로서 여러분이 멸망의 길로 달려가는 것을 더 지켜볼 수 없습니다. 우리 교회에 나오는 모든 사람이 참된 믿음의 사람으로 세워지도록 서로 도웁시다. 우리 그렇게 함께 일어섭시다.

우리 모두 주님을 위해 헌신합시다. 한국 교회를 살려 내는 아름다운 교회를 만드는 일에 주역이 되기를 주의 이름으로 축원합니다.

7장

참된 믿음은 혀를 다스린다

야고보서 3:1-12

1내 형제들아 너희는 선생된 우리가 더 큰 심판을 받을 줄 알고 선생이 많이 되
지 말라 2우리가 다 실수가 많으니 만일 말에 실수가 없는 자라면 곧 온전한
사람이라 능히 온몸도 굴레 씌우리라 3우리가 말들의 입에 재갈 물리는 것은
우리에게 순종하게 하려고 그 온몸을 제어하는 것이라 4또 배를 보라 그렇게
크고 광풍에 밀려가는 것들을 지극히 작은 키로써 사공의 뜻대로 운행하나니
5이와 같이 혀도 작은 지체로되 큰 것을 자랑하도다 보라 얼마나 작은 불이
얼마나 많은 나무를 태우는가 6혀는 곧 불이요 불의의 세계라 혀는 우리 지체
중에서 온몸을 더럽히고 삶의 수레바퀴를 불사르나니 그 사르는 것이 지옥 불
에서 나느니라 7여러 종류의 짐승과 새와 벌레와 바다의 생물은 다 사람이 길
들일 수 있고 길들여 왔거니와 8혀는 능히 길들일 사람이 없나니 쉬지 아니하
는 악이요 죽이는 독이 가득한 것이라 9이것으로 우리가 주 아버지를 찬송하
고 또 이것으로 하나님의 형상대로 지음을 받은 사람을 저주하나니 10한 입에
서 찬송과 저주가 나오는도다 내 형제들아 이것이 마땅하지 아니하니라 11샘
이 한 구멍으로 어찌 단물과 쓴 물을 내겠느냐 12내 형제들아 어찌 무화과나

무가 감람 열매를, 포도나무가 무화과를 맺겠느냐 이와 같이 짠물이 단물을 내지 못하느니라.

한 사람의 믿음을 측정하는 일은 쉬운 일이 아닙니다. 그 사람의 믿음이 참된 믿음인지 가짜 믿음인지 구별하기도 쉽지 않습니다. 태권도 실력이나 바둑 실력은 심사를 봐서 단증을 부여하면 되는데, 인격과 믿음은 그렇게 할 수 없습니다. 참으로 중요한데 측정하기가 쉽지 않습니다. 그런데 오늘 본문은 사람의 믿음을 측정할 확실한 방법을 말씀합니다. 그것은 무엇입니까? 그 사람이 사용하는 말을 보면 됩니다. 야고보는 이렇게 말씀합니다.

> "우리가 다 실수가 많으니 만일 말에 실수가 없는 자라면 곧 온전한 사람이라 능히 온몸도 굴레 씌우리라"(약 3:2).

정말 대단한 말씀 아닙니까? 말의 실수가 없으면 온전한 사람이라는 것입니다. 말실수가 없는 사람은 온몸을 관장할 수 있다는 게 요점입니다. 믿음이 밖으로 표출되는 가장 중요한 수단이 바로 말이기 때문입니다. 말을 사용하는 것을 보면 그 사람의 신앙과 인격, 즉 믿음을 측정할 수 있습니다. 그렇습니다. 참된 믿음은 혀를 다스립니다. 우리가 이 부분을 자세히 살펴보기 전에 알아야 할 두 가지 사실이 있습니다. 야고보는 말에 대한 교훈을 이야기하면서 우리가 깜짝 놀랄 만한 내용을 3장 1절에서 제시합니다.

"내 형제들아 너희는 선생된 우리가 더 큰 심판을 받을 줄 알고 선생이 많이 되지 말라"(약 3:1).

이 말씀을 듣고 이런 생각을 하는 분이 있을지도 모릅니다. '큰일 났네. 지난주에 광고를 듣고 교사로 헌신했는데.' 이 말씀이 교사가 되지 말라는 이야기입니까? 그렇지 않습니다. 우리는 야고보가 말하는 진의를 잘 파악해야 합니다. 먼저 야고보는 가르침 자체를 비난하고 있지 않습니다. 교회에는 적극적이며 재능 있고 헌신된 교사가 많이 필요합니다. 다만 야고보는 가르치는 일이 얼마나 중요한 책임인지 모르고 무모하게 뛰어드는 것을 경고했습니다.

또한 야고보는 침묵을 장려하는 게 아니라 혀에 대한 올바른 사용을 권면하고 있습니다. 참된 믿음이 있는 사람은 왜 혀를 조심해서 사용해야 합니까? 하나님은 야고보서에서 몇 가지 이유를 알려 주십니다.

1. 혀는 작지만 강력한 힘이 있기 때문이다

첫째, 혀는 작지만 강력한 힘이 있기 때문입니다. 이 말씀을 가슴에 잘 새기십시오. 우리 입안에 있는 혀에는 굉장한 위력과 능력이 있습니다. 그래서 우리는 혀를 조심해야 합니다. 야고보는 혀의 능력, 말의 힘에 대해 세 가지를 말합니다. 두 가지는 긍정적인 것이고, 한 가지는 부정적인 것입니다.

야고보는 말의 능력을 설명하기 위해 먼저 우리가 타고 다니는 말의 재갈을 예로 듭니다. 말의 힘이 얼마나 대단합니까? 말은 사람이 할 수 없는 일들을 합니다. 장정 몇 사람이 달려들어도 하지 못할 일을 말 한 마리가 해냅니다. 그런데 사람보다 힘이 센 말을 어떻게 사람이 조종하게 되었습니까? 왜 말보다 힘이 약한 우리가 말을 마음대로 조종하게 되었습니까? 그 비결이 무엇입니까? 놀랍게도 말의 입에 물린 작은 금속덩이, 즉 재갈 때문입니다. 그 작은 재갈로 우리보다 힘이 센 말을 자유자재로 조종할 수 있습니다.

야고보가 두 번째로 든 예는 배의 키입니다. 부산항 부두에 나가 보면, 가끔 크루즈가 들어옵니다. 크루즈를 보노라면 마치 큰 호텔이 바다에 떠 있는 것 같습니다. 큰 배들은 어떻게 방향을 마음대로 바꿉니까? 놀랍게도 큰 배의 방향을 바꾸는 것은 배 크기의 수천 분의 일도 되지 않는 배 안에 있는 작은 금속덩이입니다. 우리는 그것을 키라고 부릅니다. 그 작은 키로 배의 방향을 마음대로 바꿉니다. 우리 삶에서 쉽게 볼 수 있는 이 두 가지 예를 들고 나서 야고보는 3장 5절에서 결론을 내립니다.

> "이와 같이 혀도 작은 지체로되 큰 것을 자랑하도다"(약 3:5).

혀는 작지만 우리의 몸, 더 나아가 우리 삶 전체를 관장합니다. 우리의 삶을 관장하기가 얼마나 어렵습니까? 자신의 생각도 마음대로 조절할 수 없지 않습니까! 그러나 하나님은 우리 몸의 한 부분 혀, 즉 우리가 사용하는 말을 관장하면 삶 전체를 관장할 수 있다고 말씀하십니다. 이것은 바로 혀의 능력입니다.

그러나 혀는 긍정적일 뿐만 아니라 파괴적이기도 합니다. 야고보는 혀의 부정적인 예로 불을 언급합니다. 겨울철에는 종종 텔레비전에서 화재 소식을 듣게 됩니다. 아주 오래전 캘리포니아에서 난 산불이 한 달 이상 계속되었습니다. 수많은 집이 타고 많은 사람이 죽었습니다. 강원도 고성에서도 산불이 났습니다. 그때 사람들은 불의 위력을 보았습니다. 우리는 텔레비전으로 불을 보니까 그 위력을 체감하지 못하지만, 가까이에서 불을 보면 그 위력이 대단합니다. 온 세상을 다 태울 것같이 보입니다.

강원도 고성에 사는 주민은 바람이 부니까 불이 강 위로 날아갔다고 말했습니다. 산이 불타고 있는데, 바람이 세게 불면 그 불이 강을 건너서 건너편 산에 붙는 것을 본 적이 있습니다. 불의 위력은 실로 대단합니다. 온 산과 동네를 불태운 불의 원인은 우리가 잘 알듯이 대부분 작은 불이었습니다. 누군가 무심코 버린 담배꽁초, 꺼지지 않은 연탄재 등이 온 산과 동네를 태우는 것입니다. 지금도 이런 일은 계속 일어나고 있습니다.

이처럼 혀는 작지만 그 혀에서 시작된 작은 소문이 사람들의 관계를 파괴하고 공동체를 위기로 몰아갑니다. 작은 혀가 사람의 마음에 평생 지울 수 없는 큰 상처를 남길 수도 있습니다. 저는 수십 년 전에 부모에게 들었던 한마디, 배우자에게 들었던 한마디 때문에 제 앞에서 펑펑 우는 사람을 여러 명 만났습니다. 이처럼 말은 평생 지울 수 없는 상처를 남기기도 합니다.

한 농촌 교회가 있었습니다. 아주 아름답고 평화롭게 부흥하고 있는 교회였는데, 한 여집사가 주동이 되어 다른 여집사를 비방하기 시작했습니다. 이 여집사는 모든 면에서 다른 여집사가 자신보다 낫다고 생각했습니다. 다른 여집사가 얼굴도 예쁘고, 살림도 잘하고, 재능도 많아서 교인들에게 칭찬을 받는 것 같았습니다. 그래서 그 여집사를 헐뜯었습니다. 있지도 않은 아주 나쁜 헛소문을 퍼뜨려서 교회에 소문이 다 퍼졌습니다. 충성스럽던 여집사는 도저히 교회에 다닐 수 없었습니다. 그래서 울며 목사님께 모든 사정을 말하고 멀리 이사를 갔습니다. 그 목회자의 마음이 얼마나 아팠겠습니까!

세월이 흘러 중상모략했던 여집사가 부흥회에서 큰 은혜를 받았습니다. 자신의 죄를 회개하고 목사를 찾아갔습니다. 사실은 자신이 중상모략을 했노라고 목사에게 털어놓았습니다. 이미 모든 사실을 알고 있었던 목사는 눈물을 흘리며 회개하는 여집사에게 한 가지 일을 시켰습니다. 집에 가서 닭 털을 한 움큼 뽑아다가 온 동네에 뿌리라고 했습니다. 여집사는 이상하다고 생각했지만 순종했습니다. 온 동네에 닭 털을 남김없이 다 뿌렸습니다.

그러자 목사가 그 닭 털을 다시 주워 오라고 했습니다. 온 동네를 다녔지만 닭 털 몇 가닥밖에는 주울 수가 없었습니다. 돌아온 여집사에게 목사는 이렇게 말했습니다. "집사님이 주님께 회개했으니, 주님이 용서하실 겁니다. 그러나 집사님이 그 자매님의 마음에 입힌 상처는 영원히 남고 다시는 주워 담을 수 없음을 아십시오."

그렇습니다. 이것이 말의 위력입니다. 말은 주워 담을 수가 없습니다. 혀는 무서운 상처를 남길 수 있습니다. 시작은 아무것도 아닐 수 있습니다. 그러나 무심코 뱉은 작은 말이 한 사람의 일생을 불태워 버릴 수도 있습니다. 우리는 흔히 이렇게 말합니다. "일이 그렇게 될 줄 몰랐어요." 그렇습니다. 몰랐으니까 했을 것입니다. 그러나 그 상처는 영원히 갈 수 있습니다. 성냥개비 하나가 온 산을 태우듯이 작은 말 한마디가 우리의 삶과 공동체를 파괴할 수 있습니다. 우리는 말의 위력을 반드시 알아야 합니다. 오늘 본문에서 야고보가 사용하는 생생한 단어를 보십시오. 3장 6절은 이렇게 말씀합니다.

> "혀는 곧 불이요 불의의 세계라 혀는 우리 지체 중에서 온몸을 더럽히고 삶의 수레바퀴를 불사르나니 그 사르는 것이 지옥 불에서 나느니라"(약 3:6).

저는 이 본문을 묵상하며 읽다가 너무 두려워졌습니다. 언어의 파괴력이 얼마나 강합니까! "혀는 불이다. 불의의 세계다. 온몸을 더럽힐 수 있다. 삶의 수레바퀴를 못 굴러가게 태워 버릴 수 있다." 이처럼 혀는 사람들을 지옥 불처럼 사를 수 있습니다. 혀를 잘못 사용하면 모든 것을 망칩니다. 혀에는 대단한 위력이 있습니다. 이 말씀을 평생 잊지 말기 바랍니다.

2. 혀는 길들이기 쉽지 않기 때문이다

둘째는, 혀는 길들이기 쉽지 않기 때문입니다. 3장 7-8절은 이렇게 말씀합니다.

> "여러 종류의 짐승과 새와 벌레와 바다의 생물은 다 사람이 길들일 수 있고 길들여 왔거니와 혀는 능히 길들일 사람이 없나니 쉬지 아니하는 악이

요 죽이는 독이 가득한 것이라"(약 3:7-8).

조련사가 짐승을 조련하는 모습을 본 적이 있습니까? 조련은 절대 쉬운 작업이 아닙니다. 하지만 카우보이들은 야생마를 순한 말로 조련합니다. 야생마가 얼마나 펄펄 뛰는지 아십니까? 조련사가 힘이 좋을수록 떨어져 나가 팔이 부러지기도 합니다. 사자를 조련하는 조련사들은 때로 물리기도 하고 심지어 목숨까지 잃습니다. 그러나 놀랍게도 사람이 조련하지 못할 짐승은 없습니다. 저와 여러분이 타락하여 많은 것을 잃었지만 여전히 만물의 영장입니다. 우리는 하나님의 형상으로 지어졌습니다. 그래서 큰 코끼리는 물론이고 말, 사자 심지어 돌고래까지 조련할 수 있습니다.

하지만 참으로 길들이기 힘든 것이 있습니다. 그것은 바로 세 치 혀입니다. 일상에서 이 사실을 얼마나 많이 체험하고 있습니까! 혀 하나 길들이지 못해서 안 해야 할 말을 불쑥 뱉어 놓고는 아차 하고 뒤늦게 후회합니다. 당사자뿐 아니라 다른 사람에게까지 화를 불러일으킨 적이 얼마나 많습니까! 저를 포함해서 여기에 말로 실수하지 않은 사람은 아무도 없을 것입니다.

그러면 혀를 길들인다는 것은 무엇일까요? 이 말은 무의식중에 하는 말, 부지불식간에 하는 말, 습관적으로 하는 말도 다스린다는 뜻입니다. 말은 그렇게 다스려야 합니다. 잠꼬대까지 다스려야 할지도 모르겠습니다. 그렇게 하려면 무엇보다 먼저 마음을 다스려야 합니다. 혀를 관장하는 것이 결국은 마음이기 때문입니다. 주님은 마태복음 15장 11, 18절에서 이렇게 말씀하십니다.

"입으로 들어가는 것이 사람을 더럽게 하는 것이 아니라 입에서 나오는 그것이 사람을 더럽게 하는 것이니라…입에서 나오는 것들은 마음에서 나오나니 이것이야말로 사람을 더럽게 하느니라"(마 15:11, 18)

그렇습니다. 문제의 뿌리는 바로 마음입니다. 혀를 길들인다는 것은 문제의 근원인 마음을 다스리는 것입니다. 혀를 길들이는 방법이 많겠지만, 구체적으로 세 가지를 말씀드리겠습니다.

앞으로 혀를 길들이려면 이것을 반드시 명심하기 바랍니다. 자신이 지금 말하려는 내용이 사실인지 먼저 확인하십시오. 이것은 아주 중요한 습관입니다. 특히 다른 사람에 대한 좋지 않은 소문이나 결정과 판단에 영향을 주는 중요한 말을 전달할 때는 반드시 사실 여부를 확인해야 합니다.

우리 사회는 늘 근거 없는 소문으로 큰 대가를 치릅니다. 과거에도 그랬고 지금도 그렇습니다. 경제적으로 말하면, 수조 원의 손실을 입었다고 봐야 할 것입니다. 예를 들면, 광우병 사건이 그중 하나입니다. 미국산 소고기를 먹으면 광우병에 걸린다는 말이 나돌았습니다. 그러면 가장 먼저 광우병에 걸려 죽었어야 할 사람이 저입니다. 제가 미국에서 소를 몇 마리나 먹었는지 모릅니다. 모든 미국 사람이 광우병에 걸렸습니까? 처음에 몇몇 사람이 나쁜 의도로 정치적 이득을 얻기 위해 소문을 냈습니다. 사람들은 그럴 수 있습니다. 저는 그것을 말하려는 것이 아닙니다. 그런 사람들은 항상 있기 때문입니다. 문제는 우리 사회와 국민입니다.

사실 여부를 확인하지 않고 그 말을 그대로 옮겼습니다. "미국산 소고기를 먹으면 광우병에 걸린다고 하더라." 소위 "…하더라"는 말이 문제입니다. 사실 여부를 확인하지 않고 마구 "…하더라" 하면서 소문을 퍼뜨리면 공동체와 사회는 요동치기 시작합니다.

잘못된 말을 전하는 습관 때문에 나쁜 의도로 소문을 퍼뜨리는 사람들에게 휘둘립니다. 참으로 어리석은 일입니다. 얼마나 많은 사람이 이용당했습니까. 도대체 우리 사회가 왜 이렇게 되었습니까? 말을 잘못 사용해 왔기 때문입니다. 그러므로 오늘부터 분명히 결심해야 합니다. 중요한 이야기, 특히 다른 사람에 대한 나쁜 이야기를 들으면 반드시 사실 여부를 확인하십시오.

저는 늘 사실을 확인합니다. 소위 누가 "…하더라"고 말을 전하면, 그 말을 처음 한 사람에게 전화를 합니다. 그렇게 "…하더라"고 말하는 사람의 몇 단계만 거치면 그 소문이 딱 끊어집니다. 그런데 그걸 그냥 두니까 자꾸 소문이 퍼지는 것입니다. 그래서 "…하더라"는 말이 나오면 말을 잘라야 합니다. 이것이 우리 사회의 성숙도입니다. 우리 사회가 성숙해지도록 그리스도인이 만들어 가야 합니다. 더는 "…하더라" 하는 소문이 우리 사회를 흔들지 못하게 해야 합니다.

또한 혀를 길들이려면 자신이 말하려는 것이 덕이 되는지 따져 보아야 합니다. 먼저 말하려는 것이 사실인지 확인하고, 그다음에는 자신이 말하려는 것이 덕이 되는지 따져 보아야 합니다. 때로는 단지 사실을 말하는 것으로도 사람을 해칠 수 있습니다. 골로새서 4장 6절은 이렇게 권면합니다.

> "너희 말을 항상 은혜 가운데서 소금으로 맛을 냄과 같이 하라 그리하면 각 사람에게 마땅히 대답할 것을 알리라"(골 4:6).

우리는 은혜 가운데서 말해야 하고, 소금으로 맛을 내는 것같이 말을 해야 합니다. 이것이 참으로 중요합니다. 그러면 소금으로 맛을 내는 것은 무엇을 뜻할까요? 여러 가지 신학적인 해석이 있지만, 아주 쉽게 해석해 보겠습니다. 소금이 안 들어간 음식은 아무리 요리를 잘해도 못 먹습니다. 그러니까 말은 맛나게 해야 한다는 것입니다. 어떤 사람은 같은 말을 해도 너무 재미없게 합니다. 말은 그렇게 하면 안 됩니다. 연구하고 연습해서 맛나게 해야 합니다.

또한 은혜 안에서 말해야 합니다. 자꾸 말의 맛을 내려고 하다 보면 과장될 수 있습니다. 제게 좀 그런 경향이 있습니다. 자꾸 말을 맛나게 하려다 보니까 부풀려서 이야기하게 됩니다. 그럼 말을 어떻게 해야 합니까? 은혜 안에서 해야 합니다. 자신이 말하려는 것이 은혜가 되는지 따져 보아야 합니다.

마지막으로, 말하려는 것이 과연 자신이 해야 할 말인지 아니면 하나님께 맡길 일인지를 분별해야 합니다. 특히 교회 안에서는 이것이 중요합니다. 아무리 옳은 말이라도 제가 하면 덕이 되지 못할 때가 있습니다. 아무리 바른 말이라도 우리가 하면 은혜가 안 되고 효과가 없을 때가 있습니다. 하나님께 맡겨 드리는 편이 훨씬 더 나을 때가 많습니다.

요점은 혀를 잘 길들여야 한다는 것입니다. 기분 내키는 대로 내뱉고 생각나는 대로 말하면 위험합니다. 우리 인생은 물론이고 가정과 사회마저 불태워 버립니다. 그저 말 한마디 내뱉었을 뿐인데, 작은 불이 온 산을 태우듯이 가정과 공동체를 태워 버리고 맙니다. 혀를 잘 길들이기를 주의 이름으로 축복합니다.

3. 혀가 우리 믿음의 질을 좌우하기 때문이다

셋째, 혀가 우리 믿음의 질을 좌우하기 때문입니다. 다시 말하면, 혀가 우리의 믿음을 시험하기 때문입니다. 야고보는 3장 11-12절에서는 혀로 무엇을 심든지 그대로 거둔다고 말씀합니다.

> "샘이 한 구멍으로 어찌 단물과 쓴 물을 내겠느냐 내 형제들아 어찌 무화과나무가 감람 열매를, 포도나무가 무화과를 맺겠느냐 이와 같이 짠물이 단물을 내지 못하느니라"(약 3:11-12).

예수님도 마태복음 7장 18절에서 이와 같은 말씀을 하셨습니다.

> "좋은 나무가 나쁜 열매를 맺을 수 없고 못된 나무가 아름다운 열매를 맺을 수 없느니라"(마 7:18).

야고보는 예수님이 말씀하신 복음서의 말씀을 그대로 옮긴 경우가 많습니다. 그래서 신학자들은 야고보의 서신을 '작은 산상수훈'이라고 부릅니다.

예배 시간에는 뜨겁게 찬송하면서 평소에는 다른 사람을 해치는 말을 한다면, 그 사람은 두 마음을 품은 자입니다. 만일 우리가 지속적으로 부정적이고 기만하며 신랄한 말을 한다면, 그 말은 바로 우리 마음을 드러내는 것입니다. 어떤 사람은 왜 입만 열면 자꾸 허황된 말을 합니까? 어떤 사람은 왜 말만 하면 관계가 깨집니까? 그 마음에 더러움이 있기 때문입니다.

우리가 알아야 할 사실이 하나 더 있습니다. 앞서 언급했듯이, 우리가 계속해서 부정적 말을 하면 우리의 마음이 더러워집니다. 믿음이 행위를 낳고 행위는 믿음을 온전하게 합니다. 이 두 가지는 떼려야 뗄 수가 없습니다. 더러운 말을 하는 모습을 보면 우리 마음이 더럽다는 사실을 알 수 있지만, 동시에 우리가 더럽고 안 좋은 말을 하면 우리 마음도 더러워집니다.

연세대 교수였던 이규호 씨가 쓴 『말의 힘』이라는 좋은 책이 있습니다. 그 책에서 저자는 말을 누에고치에 비유했습니다. 누에가 실을 어디로 뽑습니까? 입으로 뽑습니다. 그런데 나중에는 누에가 입으로 뽑아 낸 누에고치 실에 갇히고 맙니다. 이것이 바로 말의 능력입니다. 여러분이 말하는 대로 됩니다. 자녀에게 퍼부은 대로 됩니다. 여러분이 축복하면 자녀는 복받는 자가 되기도 하고 저주하면 저주받는 자가 됩니다.

우리의 예배가 진실되고 우리의 기도가 참되다면, 우리 말은 그 예배와 기도에 일치해야 합니다. 이것은 자연 세계에서 샘과 나무가 하는 일입니다. 말 못하는 피조물도 늘 일치하는 삶을 삽니다. 샘은 한 가지 물을 내고, 나무는 한 가지 열매를 맺습니다. 그것이 하나님이 자연 세계에 심어 놓으신 법칙이기 때문입니다. 하물며 만물의 영장인 우리가 어찌 다른 말을 한단 말입니까! 구원받은 우리가 하나님을 예배하며 거룩한 기도를 하면서, 남을 해하고 저주하는 말, 모함하는 말, 신랄한 말을 할 수 있습니까! 우리가 그리스도인이라면 신앙과 말이 일치해야 합니다.

한 과학자가 흥미로운 이야기를 했습니다. 한 사람이 평생 뱉은 말을 들을 수 있답니다. 어떻게 그렇게 할 수 있을까요? 지구상의 수백 억 인구 가운데 똑같은 음파가 하나도 없다고 합니다. 사람마다 목소리가 다르고 파장이 다르다고 합니다. 그런데 우리가 말을 하면 바로 사라지는 게 아니라 우주에 남아 있다고 합니다. 기계를 발명해서 제 목소리 파장과 맞추면 제가 태어나서 죽을 때까지 한 말을 다 모을 수 있다고 합니다. 정말 무섭지 않습니까? 설마 하나님이 이런 일을 못하실까요?

참된 믿음은 혀를 다스립니다. 여러분의 혀를 길들이십시오. 교회에서 하는 말과 집에서 하는 말이 같게 하십시오. 기도와 찬송할 때 하는 말과 사회에서 하는 말이 같아야 합니다. 혀를 다스리는 사람이 참된 믿음을 소유한 자이고, 하나님 앞에 비로소 인정받는 자입니다. 이런 복된 삶을 살아가시기를 주의 이름으로 축복합니다.

8장

참된 믿음은 지혜롭게 행한다

야고보서 3:13-18

13너희 중에 지혜와 총명이 있는 자가 누구냐 그는 선행으로 말미암아 지혜의
온유함으로 그 행함을 보일지니라 14그러나 너희 마음속에 독한 시기와 다툼
이 있으면 자랑하지 말라 진리를 거슬러 거짓말하지 말라 15이러한 지혜는 위
로부터 내려온 것이 아니요 땅 위의 것이요 정욕의 것이요 귀신의 것이니 16시
기와 다툼이 있는 곳에는 혼란과 모든 악한 일이 있음이라 17오직 위로부터 난
지혜는 첫째 성결하고 다음에 화평하고 관용하고 양순하며 긍휼과 선한 열매
가 가득하고 편견과 거짓이 없나니 18화평하게 하는 자들은 화평으로 심어 의
의 열매를 거두느니라.

성경은 지혜를 매우 강조합니다. 성경을 읽어 보신 분은 이 사실을 잘 알 것입니다. 지혜를 강조한 잠언 8장 11절은 이렇게 말씀합니다.

> "대저 지혜는 진주보다 나으므로 원하는 모든 것을 이에 비교할 수 없음이니라"(잠 8:11).

이 구절은 문화적 해석이 약간 필요합니다. 오늘날에는 진주가 별것 아니지만 잠언이 기록될 당시에는 가장 귀한 보석이요 보물이었습니다. 그러므로 지혜가 이 세상의 어떤 보석이나 보물보다 더 낫다는 말씀입니다. 잠언 8장은, 지혜를 의인화해서 말하는데 지혜가 이 세상을 창조했다고 말씀합니다.

> "그가 하늘을 지으시며 궁창을 해면에 두르실 때에 내(지혜)가 거기 있었고…또 땅의 기초를 정하실 때에 내(지혜)가 그 곁에 있어서 창조자가 되어 날마다 그의 기뻐하신 바가 되었으며…대저 나를 얻는 자는 생명을 얻고…그러나 나를 잃는 자는 자기의 영혼을 해하는 자라 나를 미워하는 자는 사망을 사랑하느니라"(잠언 8:27, 29, 30, 35, 36).

여러분, 지혜가 얼마나 중요합니까? 여기서 어떻게 더 강조할 수 있겠습니까. 잠언 8장은 누구를 말하는 것일까요? 예수 그리스도를 말씀하고 있습니다. 지혜가 얼마나 중요하면 예수님이 곧 지혜라고 말씀했겠습니까. 성경은 이렇게 지혜를 강조합니다. 우리가 지혜를 논할 때 중요한 것은, 성경이 말하는 지혜가 무엇인가 하는 것입니다.

우리가 성경이 말하는 지혜를 자세히 알아야 하는 이유가 있습니다. 지혜라는 단어가 성경에만 나오는 것이 아니라 세상에도 존재하기 때문입니다. 세상에서 말하는 지혜는 대부분 헬라적 지혜입니다. 다시 말하면 철학적 지혜를 뜻합니다. 영어로 철학은 필로소피(philosophy)인데, '필로'(philo)는 '사랑한다'는 뜻이고, '소피아'(sophia)는 '지식 혹은 지혜'라는 뜻입니다. 그러니까 지혜를 사랑하는 학문이 철학인 셈입니다.

성경을 읽으면서 세상이 말하는 철학적 관점으로 지혜를 이해한다면, 성경이 말하는 지혜를 온전히 이해할 수 없습니다. 그래서 야고보는 참된 믿음을 강조하면서 우리가 가져야 할 지혜를 구체적으로 설명합니다. 우리가 잘못 이해하지 않도록 성경이 말하는 지혜와 거짓 지혜를 나란히 대조하고 있습니다.

오늘 본문에서 하나님이 우리에게 요구하시는 지혜가 무엇인지 정확하게 깨달아서 참된 믿음의 삶을 살아가게 되기를 원합니다.

1. 거짓 지혜의 특성

참 지혜를 알기 위해서는 거짓 지혜, 잘못된 지혜가 무엇이고 그 특성이 무엇인지 공부해야 합니다. 야고보는 지혜 중에 거짓 지혜가 있다고 말합니다.

> "이러한 지혜는 위로부터 내려온 것이 아니요 땅 위의 것이요 정욕의 것이요 귀신의 것이니"(약 3:15).

참으로 충격적인 말이 아닐 수 없습니다. 모든 지혜가 다 좋은 것이 아니라고 합니다. 심지어 어떤 지혜는 우리에게 해를 끼친다고 합니다.

겉으로는 지혜처럼 보이지만 사실은 세상과 정욕, 귀신에 속한 지혜라고 말합니다. 도대체 이 거짓 지혜는 무엇이고, 그 특징은 무엇일까요? 우리가 속지 않으려면 거짓 지혜의 특징을 잘 알아야 합니다. 야고보는 3장 14절에서 거짓 지혜의 특징을 소개합니다.

> "그러나 너희 마음속에 독한 시기와 다툼이 있으면 자랑하지 말라 진리를 거슬러 거짓말하지 말라"(약 3:14).

(1) 독한 시기

거짓 지혜의 첫째 특징은 독한 시기입니다. '시기'라는 단어는 헬라어로 '젤로스'(zēlos)입니다. 사실 '열심'은 좋은 단어이지만, '시기'는 자기중심적인 열심이기 때문에 문제가 됩니다. 이런 사람은 자신에게 너무 열심인 까닭에 자기 소유와 성취가 다른 사람의 성공으로 위협받을까 봐 늘 조바심을 냅니다. 그래서 시기하게 됩니다. 누가 옆에서 잘되는 것을 못 견디며 질투합니다.

그런데 왜 오늘 본문은 지혜와 시기를 연관 지었을까요? 우리는 그 이유를 심리학자들의 말에서 발견할 수 있습니다. 심리학자들은 지식이 많은 사람일수록 시기가 많다고 말합니다. 왜 그럴까요? 남에게 지기 싫어하기 때문입니다. 우리 모두가 남에게 지기 싫어하지만 특히 지식이 많은 사람일수록 남의 의견에 굴복하기 싫어합니다. 그래서 전문가들이 모인 곳에서 회의를 하면 어렵습니다. 자기주장이 너무 세기 때문입니다.

교회에서도 회의를 하다 보면, 가끔 주님의 영광을 위해 안건을 내는 것이 아니라 어떤 사람에게 지기 싫거나 자신의 탁월함을 나타내기 위해 자기 의견을 집요하게 주장하는 사람이 있습니다. 남보다 뛰어나 보이려고 하는 지식의 자랑이나 지혜는 성경이 말하는 지혜가 아닙니다. 정욕으로 가득 차 있으며 세상과 귀신에 속한 것입니다.

겉으로는 뛰어난 지식과 지혜처럼 보일지 모릅니다. 아주 많이 배웠고 지식도 대단합니다. 전문가와 같은 견해를 피력합니다. 그러나 그 동기가 항상 자기중심적이어서 남보다 자신을 드러내려고 합니다. 그래서 남이 자신보다 뛰어나면 견딜 수 없는 독한 시기가 발동합니다. 이런 시기에서 비롯된 지혜는 잘못된 것이요 거짓 지혜입니다.

우리는 얼마나 자주 이런 잘못에 빠지는지 모릅니다. 목회자들이 성경 토론을 할 때도 그렇습니다. 신학적인 토론을 할 때도 주장을 위한 주장이나 남에게 지기 싫어서 주장을 펼치는 경우가 얼마나 많은지 모릅니다. 그러나 성경은 그것이 하나님이 주시는 지혜가 아니라고 말씀합니다.

(2) 다툼

거짓 지혜의 또 다른 특징은 다툼입니다. 이것을 쉽게 말하면, 이기적인 야망입니다. 헬라어로 '에피세미아'(epithymia)라고 합니다. 우리가 잘 아는 아리스토텔레스는 잘못된 방법을 동원하여 경쟁자를 제압하는 행위, 즉 자신의 정치적 입지를 굳히기 위해 잘못된 방법으로 상대를 공격하는 행위를 말할 때 이 단어를 사용했습니다.

그러므로 오늘 본문에서는, 자신의 야망을 이루기 위해 상대를 공격하여 관계를 깨뜨리는 것을 의미합니다. 이런 사람들이 있는 곳에서는 늘 관계가 깨집니다. 공동체의 유익보다는 자신의 야망이 더 중요하기 때문입니다. 그런데 성경은 왜 지혜와 다툼을 연관 지었을까요? 이러한 야망을 품은 사람 안에 있는 성취욕 때문입니다.

이런 사람들은 대개 사회에서 큰일을 해내고 성취를 이뤄 냅니다. 성취욕이 매우 강하기 때문입니다. 이들에게 중요한 것은 사람이 아니라 일입니다. 그러므로 자연스럽게 그 사람은 가는 곳마다 일을 벌리고 결국 그 일을 성취합니다. 그러나 결과가 어떻습니까? 많은 사람이 상처를 입습니다. 그에게는 가족이나 동료도 성취를 위한 도구에 불과합니다. 야고보는 이것을 '다툼'이라고 표현하고 있습니다. 이런 사람들이 가는 곳에는 늘 다툼이 끊이지 않습니다. 이들은 교회에서도 늘 앞장서서 열심히 일을 합니다. 하지만 그 동기가 하나님의 영광이 아니라 자신의 성취에 있다는 것이 문제입니다.

교회에서 사역한다고 해서 모든 것이 하나님의 뜻에 맞는 것은 아닙니다. 마음의 동기가 잘못된 사람이 너무 많습니다. 이들에게 중요한 것은 자신의 야망입니다. 야고보는 이들의 지도력과 지혜가 거짓이라고 말합니다. 이것은 아주 조심해야 할 문제입니다.

오늘날 큰 교회를 개척한 사람들 가운데서도 이런 사람이 얼마나 많은지 모릅니다. 수천 명을 모았지만 그 마음에 야망이 도사리고 있습니다. 그것은 하나님의 비전이 아닙니다. 우리는 교회에서 이러한 지도력을 잘 구분해야 합니다.

야고보는 이제 거짓 지혜의 출처를 밝히기 시작합니다. 거짓 지혜는 도대체 어디서 오는 것입니까? 3장 15절은 이렇게 말씀합니다.

"이러한 지혜는 위로부터 내려온 것이 아니요 땅 위의 것이요 정욕의 것이요 귀신의 것이니"(약 3:15).

거짓 지혜의 출처는 세 가지입니다. 세상, 정욕, 귀신입니다. 이 세 가지는 언제나 신자들의 적이 아닙니까? 세상이라는 말은 우리가 사는 이 세상을 뜻하지 않고 세상의 잘못된 체제를 뜻합니다. 사도 요한은 세상의 잘못된 체제를 세 가지로 지적합니다. 요한일서 2장 15-16절은 이렇게 말씀합니다.

"이 세상이나 세상에 있는 것들을 사랑하지 말라…이는 세상에 있는 모든 것이 육신의 정욕과 안목의 정욕과 이생의 자랑이니"(요일 2:15-16).

세상이 우리에게 잘못된 지혜를 공급합니다. 정욕은 몸 자체가 아니라, 아담에게 물려받은 타락한 성품과 본성을 의미합니다. 정욕의 특징은 언제나 자기중심적입니다. 하나님도 아니고, 이웃도 아니며, 자신이 중심입니다. 그리고 이 모든 것을 귀신, 마귀가 뒤에서 조종하고 있습니다.

거짓 지혜는 결국 세상과 정욕, 마귀에게서 나오는 것입니다. 우리가 거짓 지혜를 따라가게 되면 어떤 결과가 생기는지가 3장 16절에 나옵니다.

"시기와 다툼이 있는 곳에는 혼란과 모든 악한 일이 있음이라"(약 3:16).

거짓 지혜를 가진 자들이 교회의 지도자가 되면, 교회는 원래의 기능을 상실합니다. 혼란스러워지며 악한 일이 벌어집니다.

2. 참 지혜의 특성

이제 야고보는 참 지혜에 대해 설명합니다. 거짓 지혜를 먼저 설명한 것은 참 지혜를 강조하기 위해서입니다. 참 지혜의 특성은 무엇입니까? 3장 17절은 이렇게 말씀합니다.

> "오직 위로부터 난 지혜는 첫째 성결하고 다음에 화평하고 관용하고 양순하며 긍휼과 선한 열매가 가득하고 편견과 거짓이 없나니"(약 3:17).

성경이 말하는 참 지혜는 한마디로 경건한 삶입니다. 세상의 지혜는 지식을 강조하지만, 성경이 말하는 지혜는 우리의 삶과 연관이 있습니다. 야고보는 지혜로운 삶의 특징을 몇 가지 소개합니다.

(1) 성결

참 지혜의 첫째 특징은 성결입니다. 즉 깨끗함을 의미합니다. 주님도 복 있는 사람의 여덟 가지 특징을 말씀하시면서 "마음이 청결한 자는 복이 있나니"(마 5:8)라고 말씀하셨습니다. 야고보는 참 지혜의 특징을 말하면서 첫 번째로 성결을 말했습니다. 이것은 순서가 아니라 강조한 것입니다. 무엇이 참 지혜입니까? 하나님이 주시는 지혜로운 삶은 어떤 것입니까? 하나님은 마음이 깨끗해야 한다고 강조하십니다. 지식이 많고 박사 학위를 취득한 것과는 아무런 상관없습니다. 마음이 깨끗하고 청결한 자가 지혜로운 자입니다.

오늘날 우리 사회를 보십시오. 상당한 지식을 갖춘 사람 가운데 마음이 깨끗하지 않은 이들이 얼마나 많은지 모릅니다. 배운 것이 많고 능력이 많아 높은 지위를 차지하고 있지만, 정욕과 세상, 귀신을 따라 삽니다. 세상은 학식과 능력을 보고 그들을 지혜롭다고 할지 모르지만 하나님은 그렇게 여기지 않으십니다. 그들은 하나님의 지혜와 아무런 상관없습니다. 위로부터 오는 지혜는 성결하기 때문입니다. 마음이 깨끗한 사람은 소유에 집착하지 않습니다. 자신이 무엇을 얼마나 더 가졌고 덜 가졌는지가 중요하지 않습니다. 자신의 야망과 성취에 몰두하지 않습니다.

성결한 사람은 늘 일보다는 사람을 먼저 생각합니다. 주어진 환경에 감사하며, 날마다 자신의 마음을 하나님께 올려 드립니다. 이것이 바로 성경이 말하는 지혜입니다. 하나님이 주시는 복된 지혜를 소유하기 원하십니까? 그렇다면 마음을 깨끗하게 하십시오. 집에서 매일 청소하듯이, 우리의 마음도 매일 청소해야 합니다.

저는 마음 청소하는 시간을 주기적으로 보냅니다. 마음이 불안하거나 분노가 생기거나 다른 사람과 관계가 안 좋을 때는 조용한 곳에 가서 제 마음을 들여다봅니다. 그러면 반드시 청결하지 않은 무언가가 있습니다. 스스로 마음을 청소하지 못할 때는 하나님께 이렇게 기도합니다. "성령 하나님, 도와주옵소서!" 성령님이 우리 마음을 깨끗하게 해주실 줄 믿습니다.

(2) 화평

참 지혜의 둘째 특징은 화평입니다. 언제나 하나 됨을 추구하는 태도입니다. 참 지혜를 지닌 사람은 평화를 사랑합니다. 세상은 지금까지 많이 분열되었고 전쟁이 수도 없이 일어났습니다. 그 모든 분열이 누구 때문에 일어난 것 같습니까? 놀랍게도 똑똑한 사람들 때문에 일어났습니다.

우리가 잘 아는 마르크스는 천재였습니다. 하지만 불행하게도 그는 투쟁적 세계관을 가졌습니다. 마르크스 때문에 세계가 공산주의와 민주주의 진영으로 나뉘어 싸웠습니다. 우리나라도 아직 남북으로 갈라져 있습니다. 마르크스는 "부자가 죽어야 노동자가 산다"고 주장했습니다. 이런 논리로 전쟁을 일으킨 것입니다. 하지만 이 주장은 거짓 지혜에서 나왔습니다. 위로부터 난 지혜는 화평을 추구하기 때문입니다. 굉장히 똑똑한 사람이 있는데, 그가 가는 곳마다 관계가 깨지고 분열된다면 그가 가진 것은 거짓 지혜입니다.

하나님이 주신 참 지혜는 화평을 추구합니다. 물론 하나 됨을 추구한다고 해서 그릇된 것을 눈감아 주라는 뜻은 아닙니다. 하나님은 아나니아와 삽비라를 엄격하게 심판하셨습니다. 진리의 문제를 두고 다투는 게 아닐 때는 모든 사람과 화평을 이루는 것이 하나님이 주시는 지혜요, 위로부터 난 지혜입니다. 이 화평을 갖기 바랍니다.

(3) 관용

참 지혜의 셋째 특징은 관용입니다. 이 단어는 공정하면서도 유연함을 뜻합니다. 우리나라 말로 번역하면, '너그러움' 정도가 될 것입니다. 남의 사정을 깊이 헤아려 주는 것입니다. 아주 똑똑한데 모든 것에 딱딱 부러지는 사람이 있습니다. 그런데 자신의 똑똑함을 감추고 상대방의 어려움을 먼저 헤아려 주는 사람이 있습니다. 언제나 주위 사람들을 너그럽게 대합니다. 이렇게 대하는 것이 지혜입니다. 똑똑한 것이 지혜가 아닙니다.

창세기의 아브라함을 예로 들어 보겠습니다. 아브라함과 롯이 부자가 되었습니다. 아브라함의 조카 롯은 어떻게 부자가 되었습니까? 순전히 아브라함이 재산을 떼어 주고 여러모로 도와주어 부자가 되었습니다. 두 사람의 양 떼가 너무 많아져서 함께 있기가 힘들었습니다. 그러자 아브라함이 이런 제안을 합니다. "네가 좌하면 나는 우하고 네가 우하면 나는 좌하리라." 동쪽은 비옥한 땅이었고, 서쪽은 척박한 땅이었습니다. 삼촌이 자기를 아들처럼 키워 주었으면 어떻게 해야 합니까? 땅을 동서로 나누는 것이 내키지 않으면 "삼촌, 우리 그러지 말고 남북으로 나눕시다"라고 해야 하는 것 아닙니까! 하지만 롯은 그러지 않았습니다. 동쪽을 택합니다. 소돔과 고모라가 있는 비옥한 땅을 택합니다.

소돔과 고모라로 이사한 롯은 어떻게 되었습니까? 소돔과 고모라의 연합군이 전쟁을 일으키고 롯의 재산을 갈취했을 뿐 아니라 롯까지 잡아갔습니다. 저는 이 본문을 읽으면 참으로 은혜가 됩니다. 저 자신을 돌아보게 됩니다. 저 같으면 롯을 구하기 위해 그토록 애쓰지 않을 것 같습니다. 구해 줘도 나중에 구해 줄 것 같습니다. '그래, 잘됐다, 고생 좀 해봐야지!'라고 생각할 것 같습니다. 그런데 아브라함은 어떻게 합니까? 자기 집에서 기르고 훈련한 하인 318명을 데리고 롯을 구하러 갔습니다. 하나님이 함께하셨으니 망정이지 그냥 전쟁을 벌였다면 질 수밖에 없는 환경에서도 목숨을 걸고 조카 롯을 구하러 갔습니다. 성경은 이것을 관용이라고 말합니다.

요즘 세상에서 관용을 보이는 사람은 바보 같아 보입니다. 관용을 보이면 손해라고 생각합니다. 그러나 관용을 보인 아브라함은 망하지 않았습니다. 하나님은 주위 사람들을 너그럽게 대한 아브라함에게 복을 주셨습니다.

(4) 양순

우리는 지금 참 지혜의 특징을 살펴보고 있습니다. 성결과 화평, 관용을 살펴보았고 이제 양순이 나옵니다. 이 양순이란 단어가 매우 중요합니다. 이 단어는 신약성경에서 여기에만 나옵니다. 헬라어로는 두 단어가 합성된 것입니다. 잘한다고 할 때의 '잘'이라는 단어와 '설득되는'이라는 단어로 이루어졌습니다. 쉽게 말하면, '잘 설득되는'이라는 뜻입니다. 즉 순종하는 태도를 의미합니다.

우리는 종종 권위에 지나치게 도전하고 반항하는 사람들을 봅니다. 그들은 모든 권위를 의심하거나 부정합니다. 그래서 항상 비딱합니다. 저는 좌파 의식을 지닌 사람의 문제가 여기에 있다고 봅니다. 좌파 의식으로 우리가 얻는 유익이 많습니다. 그래서 이 의식이 우리에게 필요합니다. 그러나 극좌파 쪽으로 간 사람들은 대부분 항상 무언가를 꼬아서 봅니다. 양순하지 않습니다. 그것은 참 지혜가 아닙니다.

이런 사람들은 대개 지나치게 자기방어적 태도를 지니고 있습니다. 누가 자신을 무시하지 않는지 항상 경계합니다. 이것은 잘못된 똑똑함이요 지혜입니다. 양순은 잘 설득되는 것입니다. 누군가 아픔을 겪고 있어서 도와 달라고 하면 설득됩니다. 평생 한 번도 속지 않은 사람은 자신을 돌아봐야 합니다. 사람이 속을 줄도 알아야 합니다.

저의 아버지는 항상 외출했다 돌아오시면 무언가를 손에 들고 오셨습니다. 약장수를 만나면 그냥 오시는 법이 없었습니다. 그런데 거의 엉터리 물건입니다. 그 피를 제가 물려받은 것 같습니다. 저는 요즘 텔레비전 쇼핑 채널을 못 봅니다. 아내가 못 보게 합니다. 보면 은혜받아서 사기 때문입니다. 생선을 굽는 프라이팬도 냄새가 안 난다고 해서 덜컥 사놓으면, 아내가 못 쓴다고 갖다 버리라고 합니다. 냄새가 난다고 말입니다. 물론 '설득된다'는 말이 줏대 없이 함부로 왔다 갔다 하는 태도를 말하는 것은 아닙니다.

이것은 다른 사람과의 관계에서 적절하게 그의 지도력을 인정하고 밀어 주는 것을 말합니다. 누군가 와서 자기 사정을 이야기하면 거절하기보다 그냥 설득되어 주는 것입니다. 하나님은 이런 양순한 마음이 있는 사람을 지혜롭다고 말씀합니다. 우리는 아주 똑똑해서 바늘도 안 들어가고 절대 속지 않는 사람을 지혜롭다고 생각하는데, 하나님은 그렇지 않습니다. 여러분의 관용지수와 양순지수를 하나님 앞에서 한번 평가해 보십시오. 여러분은 얼마나 너그럽습니까? 혹은 얼마나 양순합니까?

(5) 긍휼과 선한 열매

참 지혜의 다섯째 특징은 긍휼과 선한 열매입니다. 왜 긍휼과 선한 열매를 연결했을까요? 긍휼은 다른 사람을 불쌍히 여기는 태도입니다. 긍휼한 사람은 선한 열매를 많이 맺습니다. 상대를 배려하여 주위 사람들을 얻기 때문입니다.

(6) 편견과 거짓 없음

마지막 여섯째 특징은 무엇입니까? 편견과 거짓이 없는 것입니다. 한마디로 말하면, 확고한 원칙을 확립한 사람입니다. 어떤 상황에서도 성경 기준을 어기지 않고, 진리에 대해서는 절대로 타협하지 않는 사람입니다. 양순하고 관용하지만 다른 내용과 진리를 타협하면 편견과 거짓 없음에 해당하지 않습니다. 즉 지혜가 아닌 것입니다.

'거짓'이라는 헬라어 단어는 '히포크리시스'(hypokrisis)입니다. 이 단어는 두 가지 역을 동시에 하는 배우를 가리킬 때 사용했습니다. 옛날에는 배우가 희귀했습니다. 요즘은 탤런트가 못 되어 난리지만 옛날에는 배우가 좋은 직업이 아니었습니다. 그래서 아무도 배우가 되기를 원하지 않아서 한 사람이 여러 역할을 했습니다.

예를 들어, 한 사람이 나와서 막 웃기는 장면을 연출합니다. 그럴 때는 웃는 가면을 쓰고 나옵니다. 같은 배우가 슬픈 장면을 연기할 때는 슬픈 가면을 쓰고 나옵니다. '히포크리시스'는 위선을 의미합니다. 참으로 지혜로운 사람은 이런 삶을 살 수 없습니다. 여기서는 이 말을 하고 저기서는 저 말을 할 수 없습니다. 저는 어떤 경우에도 진리에 대해서는 융통성을 발휘한다는 명목으로 타협하지 않습니다.

이제 자신에게 성결과 화평, 관용(너그러움)과 양순, 긍휼과 선한 열매, 편견과 거짓 없음이 있는지 살펴보십시오. 하나님이 참 지혜라고 말씀하시는 이 특징이 자신의 삶에 있는지 세밀하게 평가해 보십시오. 여러분에게 참 지혜가 있습니까?

지혜의 궁극적 출처는 바로 예수 그리스도이십니다. 우리가 정말 예수님과 동행한다면 삶에서 이런 증거들이 나타나야 합니다. 성결하고 화평하며 관용하고 양순하며, 긍휼과 선한 열매가 가득하고 편견과 거짓이 없는 하나님 지혜의 특징이 나타나야 합니다. 우리에게 하나님의 지혜가 있다면 그분의 복을 받을 것입니다. 또한 자손 대대로 이 지혜를 물려준다면 그들도 하나님의 복을 받을 것입니다. 우리 모두 하늘에서부터 내려오는 지혜를 받고 하나님이 주시는 복을 받기 바랍니다.

9장

참된 믿음은 싸우지 않는다

야고보서 4:1-10

1너희 중에 싸움이 어디로부터 다툼이 어디로부터 나느냐 너희 지체 중에서 싸
우는 정욕으로부터 나는 것이 아니냐 2너희는 욕심을 내어도 얻지 못하여 살
인하며 시기하여도 능히 취하지 못하므로 다투고 싸우는도다 너희가 얻지 못
함은 구하지 아니하기 때문이요 3구하여도 받지 못함은 정욕으로 쓰려고 잘못
구하기 때문이라 4간음한 여인들아 세상과 벗된 것이 하나님과 원수 됨을 알
지 못하느냐 그런즉 누구든지 세상과 벗이 되고자 하는 자는 스스로 하나님
과 원수 되는 것이니라 5너희는 하나님이 우리 속에 거하게 하신 성령이 시기하
기까지 사모한다 하신 말씀을 헛된 줄로 생각하느냐 6그러나 더욱 큰 은혜를
주시나니 그러므로 일렀으되 하나님이 교만한 자를 물리치시고 겸손한 자에게
은혜를 주신다 하였느니라 7그런즉 너희는 하나님께 복종할지어다 마귀를 대
적하라 그리하면 너희를 피하리라 8하나님을 가까이하라 그리하면 너희를 가
까이하시리라 죄인들아 손을 깨끗이 하라 두 마음을 품은 자들아 마음을 성결
하게 하라 9슬퍼하며 애통하며 울지어다 너희 웃음을 애통으로, 너희 즐거움을
근심으로 바꿀지어다 10주 앞에서 낮추라 그리하면 주께서 너희를 높이시리라.

인류 역사에서 우리의 삶을 끊임없이 불행으로 몰아넣는 것이 있다면 그것은 바로 싸움일 것입니다. 역사학자의 연구로는, 지난 5천 년 동안 지구상에서 전쟁이 약 만오천 번 있었다고 합니다. 수많은 전쟁으로 얼마나 많은 사람이 목숨을 잃고 고통당했습니까! 멀리 갈 것도 없이 6 · 25전쟁을 생각해 보십시오. 미국 통계로는, 6 · 25전쟁으로 말미암아 우리나라에서 약 200만 명이 목숨을 잃었고, 수백만 명이 부상을 당했습니다. 우리 민족이 당한 고통을 어찌 말로 다 표현할 수 있겠습니까! 오늘 본문은 두 가지 싸움을 이야기합니다. 4장 1절은 이렇게 말씀합니다.

> "너희 중에 싸움이 어디로부터 다툼이 어디로부터 나느냐"(약 4:1).

싸움과 다툼은 비슷한 단어 같지만 헬라어 원문을 살펴보면 조금 다릅니다. 싸움은 대규모의 집단적 싸움을 말합니다. 전쟁과 같은 것입니다. 그리고 다툼은 소규모 싸움을 말합니다. 개인 싸움이라고 할 수 있습니다. 전쟁에 개인의 다툼까지 합하면 우리 삶에서 싸움이 얼마나 많은지 가히 짐작할 수 있습니다. 그리고 싸움이 우리를 얼마나 불행으로 몰고 가는지도 알 것입니다.

오늘날 우리 사회는 여당과 야당, 경영자와 노조, 수많은 집단 간의 싸움으로 병들어 가고 있습니다. 어떤 학자들은 싸움으로 말미암아 잃어버린 손실이 1년에 수십조에 달한다고 말합니다. 우리의 삶을 더욱 피곤하게 만드는 것은 바로 개인 간 다툼입니다. 남편과 아내 간의 갈등, 시어머니와 며느리 간의 갈등, 형제 간의 갈등, 직장 동료 간의 갈등은 말할 것도 없고 얼마나 많은 싸움이 일어나는지 모릅니다.

이런 싸움은 예수님을 믿지 않는 교회 바깥에 있는 사람들만의 일일까요? 신자들과는 전혀 상관이 없을까요? 우리는 싸움에서 자유로울까요? 전혀 그렇지 않습니다. 야고보는 싸움에 대한 교훈을 믿지 않는 자들이 아니라 구원받은 저와 여러분, 즉 교회에 속한 자들에게 주고 있습니다.

우리는 왜 이렇게 싸우는 것일까요? 이런 싸움과 충돌은 도대체 어디에서 오는 것일까요? 아마도 마음속으로 이렇게 대답하고 싶을 것입니다. 사탄으로부터 온다고, 거짓 형제와 이단에서 온다고, 믿음이 없는 자들에게서 온다고 대답하고 싶을 것입니다. 과연 그럴까요? 야고보는 4장 1절에서 이렇게 대답합니다.

> "너희 중에 싸움이 어디로부터 다툼이 어디로부터 나느냐 너희 지체 중에서 싸우는 정욕으로부터 나는 것이 아니냐"(약 4:1).

지체 중에서 싸우는 정욕으로부터 다툼이 나온다고 말합니다. 우리는 싸움의 원인이 늘 상대방에게 있다고 생각합니다. 항상 싸우는 부부에게 왜 싸우는지 물어보십시오. 대답은 한결같습니다. 상대방 때문에 싸운다고 말합니다. 형제끼리 다투는 자들에게 물어보십시오. 상대방 때문에 싸운다고 말할 것입니다. 말은 하지 않지만 이것이 바로 우리의 진짜 생각입니다.

"나는 싸우고 싶지 않았어요. 그러나 어쩔 수 없이 싸우게 되었어요." 다들 이렇게 말합니다. 겉으로 보기에는 상대방이 싸움을 걸고 원인을 제공하기 때문입니다. 야고보는 우리 안에 이러한 잘못된 생각들이 있음을 알기 때문에 싸움의 원인을 분명히 밝힙니다. 우리가 싸우는 원인은 우리 안에 있는 정욕 때문이라고 말합니다. 모든 싸움의 원인은 상대방이 아니라 자신 안에 있는 정욕 때문입니다.

그러면 정욕은 무엇입니까? '정욕'이라는 단어는 헬라어로 '헤도네'(hēdonē)입니다. 이 헬라어 단어는 중립적인 단어입니다. 좋은 단어가 될 수도 있고 나쁜 단어가 될 수도 있습니다. 여가를 즐기고 싶은 마음이나 성공하고 싶은 욕구는 나쁜 것이 아닙니다. 재능을 발휘하고 싶거나 음식을 먹고 싶은 욕구는 나쁜 것이 아닙니다. 그러나 이러한 욕구가 우리 안에 있는 타락한 본성이 지니고 있는 잘못된 욕심과 결합하면 문제가 생깁니다. 우리 안에 있는 즐거움에 대한 욕구가 욕심과 결합하면 문제가 생기는 것입니다. 그래서 야고보는 4장 2절에서 이렇게 설명합니다.

> "너희는 욕심을 내어도 얻지 못하여 살인하며 시기하여도 능히 취하지 못하므로 다투고 싸우는도다"(약 4:2).

우리가 이해하기에 약간 어려운 말씀입니다. 이렇게 한번 읽어 보겠습니다. "너희는 욕심을 내어도 얻지 못하고 시기하여도 능히 취하지 못하므로 다투고 싸우며 살인하는도다." 왜 싸웁니까? 그 이유는 명확합니다. 얻지 못했기 때문입니다. 시기하여 취하지 못하기 때문에 싸우는 것입니다. 다시 말하면, 우리 마음에 있는 욕심 때문에 다투고 싸우는 것입니다. 자신이 갖지 못한 것을 탐하는 자들은 늘 싸웁니다. 그뿐만 아니라 필요를 공급받기 위해 하나님 앞에 나아가지도 않습니다. 신자인데도 말입니다.

아마 이렇게 반문하는 사람이 있을지도 모르겠습니다. "목사님, 모르는 소리하지 마세요. 제가 무언가를 얻기 위해 얼마나 열심히 하나님께 기도했는지 아십니까? 제가 금식하고 철야하며 새벽에도 기도했습니다." 야고보는 그러한 자들에게 이렇게 대답합니다.

> "구하여도 받지 못함은 정욕으로 쓰려고 잘못 구하기 때문이라"(약 4:3).

문제는 또다시 정욕입니다. 야고보는 우리 안에 있는 욕심이 강력한 능력이 있는 기도마저 무효화한다고 말합니다. 우리가 싸우는 이유는 욕심 때문입니다. 이 말에 토를 달지 마십시오. 핑계하지 마십시오. 삶에서 끊임없이 다툼이 일어난다면 여러분 안에 잘못된 욕심이 있는 것입니다. 그래서 싸우는 것입니다. 구원받았는데도 욕심에 사로잡혀 살아가는 불쌍한 그리스도인들에게 야고보는 이렇게 책망합니다.

> "간음한 여인들아 세상과 벗된 것이 하나님과 원수 됨을 알지 못하느냐 그런즉 누구든지 세상과 벗이 되고자 하는 자는 스스로 하나님과 원수 되는 것이니라"(약 4:4).

야고보는 왜 세상과 친하게 지내는 자들을 간음한 여인이라고 불렀을까요? 그들이 하나님을 등지고 바람을 피우고 있었기 때문입니다. 그들은 주일이면 교회에 나와 예배를 드리고, 직분을 갖고 봉사를 합니다. 그러나 그들의 진정한 관심과 애정은 하나님을 향하지 않고 자신과 세상을 향해 있습니다. 여기서 세상이라는 말은 세상의 잘못된 가치관을 의미합니다.

어떻게든 높은 자리를 차지하고, 인기를 독차지하며, 자신을 높여야 하는 잘못된 세상 가치관에 사로잡히면 아무리 신자라고 해도 사역보다는 자꾸만 정치를 하게 됩니다. 목회자 가운데 이런 사람들이 있습니다. 깨끗한 믿음보다는 물질을 우선하며, 훈련보다는 재미를 추구합니다. 불변의 진리를 문화라는 유행으로 대치하고, 그리스도와의 살아 있는 관계를 종교생활로 변질되게 합니다. 이것이 바로 영적 간음입니다.

이 영적 간음이 우리를 하나님과 원수 되게 합니다. 성경은 영적 간음한 사람의 삶에는 계속해서 싸움이 끊이지 않을 것이라고 말합니다. 계속해서 다툼 가운데 있습니까? 누군가와 계속 갈등이 생깁니까? 한 가지 갈등이 사라지면 또 다른 갈등이 생깁니까? 그렇다면 여러분의 내면을 살펴보기 바랍니다.

저는 가끔 제 마음을 들여다봅니다. 쉬운 일이 아니지만 그렇게 어려운 일도 아닙니다. 뭔가 마음이 불안하고 정리가 되지 않으며 기도에 집중할 수 없고 마음이 허전해 자꾸만 유행가가 그리워지면, 제 마음을 조용한 곳에 가서 살핍니다. 절대 어려운 일이 아닙니다. 하나님 앞에 나아가 자신의 마음을 살펴보기 바랍니다.

배우자, 형제, 성도, 직장 동료 사이에 갈등이 있다면 자신의 내면을 살펴보십시오. 아마 그 안에 무언가 있을 것입니다. 구원받았는데도 여전히 세상 욕심에 따라 산다면 우리 삶은 싸움과 다툼이 끊이지 않을 것입니다. 기도를 하지 않거나 늘 잘못된 동기로 기도하여 응답받지 못할 것입니다. 결국은 하나님께 분노하고 그분의 역사와 말씀에 반항하게 될 것입니다. 이렇게 되면 그 사람은 평생 갈등과 싸움 속에 살게 됩니다.

정말 불쌍한 삶이 아닙니까!

그러면 우리 삶을 불행으로 몰아넣는 싸움에서 어떻게 해방될 수 있을까요? 감사하게도 야고보는 문제만 던지지 않고 우리에게 해결책을 제시합니다. 그 해결책은 4장 5-10절에 나와 있습니다. 야고보는 싸움의 원인을 밝힌 뒤에 해결책을 제시합니다. 4장 5-10절을 보면 상당히 많은 교훈이 나열되어 있는 것 같지만, 결국 두 가지를 강조하고 있습니다.

1. 싸움을 그치기 위해 해야 할 일

싸움을 그치기 위해 우리가 해야 할 일은 무엇입니까? 성령의 통제에 겸손히 순복해야 합니다. 4장 5절 말씀은 해석하기 어려운 구절입니다. 어떤 신학자들은 성경 가운데 가장 어려운 구절 중의 하나라고 합니다. 4장 5절은 이렇게 말씀합니다.

> "너희는 하나님이 우리 속에 거하게 하신 성령이 시기하기까지 사모한다 하신 말씀을 헛된 줄로 생각하느냐"(약 4:5).

한국어로 된 성경은 전혀 어렵게 느껴지지 않습니다. 그러나 헬라어 성경으로 보면 어렵습니다. 이 구절이 어려운 첫째 이유는, 개역성경이 '성령'으로 번역한 단어가 헬라어에서는 '영'으로도 번역될 수 있기 때문입니다. 즉 성령이 될 수도 있고, 저와 여러분의 영이 될 수도 있습니다.

둘째 이유는, 여기서 '영'이라고 하는 단어가 주어가 될 수도 있고 목적어가 될 수도 있습니다. 주어라고 하면 "영이 시기한다, 혹은 성령이 시기한다"라고 말할 수 있습니다. 바로 이러한 어려운 문제 때문에 한국어 성경도 의미가 완전히 다르게 기록되어 있습니다. 성경을 읽을 때 다른 번역본을 참조하면 아주 유익합니다. 적어도 두세 가지 번역본을 갖고 있으면 좋습니다. 영어 성경을 읽을 수 있다면 NIV와 함께 NASB를 읽으면 좋습니다. 이제 개역성경과 완전히 다른 의미를 담고 있는 공동번역을 살펴보겠습니다.

> "하느님께서는 우리에게 심어 주신 영혼을 질투하실 만큼 사랑하신다" 하는 성서 말씀이 공연한 말씀인 줄 압니까?(약 4:5, 공동번역)

이 구절에서 '영'은 성령이 아니라 우리의 영혼입니다. 그리고 주어가 아니라 목적어로 번역되었습니다. "하나님이 우리 영혼을 시기하실 만큼 사랑하신다." 이렇게 번역했습니다. 그런데 개역성경과 현대어성경에는 그 반대로 번역되어 있습니다. 현대어성경도 한번 살펴보겠습니다.

> "하나님께서 우리 속에 살게 한 영을 질투할 정도로 사랑하고 지켜 준다고 하신 성경의 말씀을 제대로 알고나 있습니까?"(약 4:5, 현대어성경)

여기서는 영으로 번역되었습니까? 아니면 성령으로 번역되었습니까? 성령으로 번역되었습니다. 그러면 성령이 주어로 번역되었습니까? 목적어로 번역되었습니까? 주어로 번역되었습니다. 즉 한국어 성경은 한쪽을 택하여 번역했습니다. 하나님이 우리 영혼을 사랑하시는 것과 성령님이 우리를 시기하기까지 사랑하시는 데는 무슨 차이가 있을까요? 그 말이 그 말 아닙니까? 아닙니다. 여기에 차이가 있기 때문에 제가 이렇게 설명하는 것입니다. 그 차이를 뒤에서 설명하겠습니다.

해석을 하려면 문맥을 살펴보는 것이 도움이 됩니다. 야고보는 4장 4절에서 신자들이 하나님보다 세상을 더 사랑하는 것을 비난하고 있습니다. 그것이 마치 영적 간음과 같다고 지적합니다. 세상을 더 사랑하는 신자의 행위를 영적 간음에 비유하면, 하나님은 어떤 분이십니까? 하나님은 아내의 정절을 요구하는 남편입니다. 그분은 자기 백성의 신실하지 못함을 시샘하고 질투하는 분이십니다.

구약성경은 여러 곳에서 이 비유를 사용하고 있습니다. 그래서 종종 '질투하시는 하나님'이라는 말이 나옵니다. 호세아서를 읽어 보면, 하나님과 백성의 관계가 호세아와 간음하는 아내 고멜의 관계로 예시되어 있습니다. 고멜은 누구입니까? 바로 우리입니다. 그렇다면 호세아는 누구일까요? 하나님이십니다.

이러한 비유는 교회를 그리스도의 신부로 비유하는 말씀과 맞아떨어집니다. 종말론에서 예수님은 우리의 신랑이고, 우리는 그분의 신부라는 비유와 너무 잘 맞습니다. 이런 모든 문맥을 살펴보면, 야고보가 의도하는 바가 무엇인지 정확하게 알 수 있습니다. 야고보는 '하나님이 시기할 정도로 우리를 사모하신다'는 것을 말하고 있습니다.

그런데 우리가 개역성경의 번역을 따른다면, 왜 시기하는 분이 하나님이 아니라 성령님이실까요? "하나님이 우리 속에 거하게 하신 성령이 시기하기까지 사모한다 하신 말씀을 헛된 줄로 생각하느냐?" 이 말이 야고보가 의도하는 핵심입니다. 그래서 우리는 이 말을 이해해야 합니다.

야고보는 지금 성령의 능력을 강조하고 있습니다. 우리가 어떻게 영적 간음에 빠지지 않을 수 있을까요? 싸움의 근본 원인인 욕심에서 벗어날 수 있을까요? 저와 여러분을 시기할 정도로 사랑하셔서 우리를 전적으로 통제하기 원하시는 성령님께 우리를 온전히 맡겨야 합니다.

성령님이 왜 우리 안에 들어와 계시는 걸까요? 왜 때로는 우리를 감화하시는 것일까요? 아무 의미 없이 우리 안에 들어오신 게 아닙니다. 성령님이 우리 안에 들어와 거하시는 이유는 오직 하나입니다. 저와 여러분을 온전히 통제하기 위해서입니다. 우리를 주장하기 위해서입니다. 우리를 올바른 길로 인도하기 위해 우리 안에 거하시는 것입니다. 하나님은 성령을 통해 우리의 삶을 온전히 지배하기 원하십니다.

그러므로 우리는 세상을 사랑하여 영적으로 간음한 자가 되든지, 아니면 시기하기까지 우리를 사랑하시는 성령님께 삶을 완전히 맡기든지 둘 중 하나를 택해야 합니다. 그 중간은 없습니다. 세상도 사랑하고, 성령님도 사랑할 방법은 없습니다. 그래서 예수님은 "너희가 하나님과 재물을 겸하여 섬기지 못하느니라"고 말씀하셨습니다. 이 말은 돈 자체가 아니라 맘몬, 즉 재물의 의미합니다. 돈을 신으로 섬기며 세상의 가치관을 따라가든지, 아니면 우리 안에 계신 성령님을 따라가든지 둘 중 하나를 택해야 합니다. 우리가 세상의 가치관을 떠나 성령님께 삶을 맡기는 첫 단추가 바로 하나님께 겸손히 순복하는 것입니다. 4장 6절은 이렇게 말씀합니다.

> "그러나 더욱 큰 은혜를 주시나니 그러므로 일렀으되 하나님이 교만한 자를 물리치시고 겸손한 자에게 은혜를 주신다 하였느니라"(약 4:6).

또한 4장 10절은 이렇게 말씀합니다.

"주 앞에서 낮추라 그리하면 주께서 너희를 높이시리라"(약 4:10).

오늘 본문에 보면 겸손이 굉장히 강조되어 있습니다. 그 이유가 무엇일까요? 우리를 시기하기까지 사랑하시는 성령님께 순복하기 위해서는 먼저 하나님 앞에 겸손해야 하기 때문입니다. 다 내려놓아야 합니다. 성경은 겸손한 자에게 더욱 큰 은혜를 주신다고 말합니다. 도대체 무엇보다 더 큰 은혜일까요? 우리의 이기심과 욕심보다 더 큰 은혜입니다. 세상을 사랑하고 추구하여 얻는 이득과 비교할 수 없는 큰 은혜입니다.

사실 자신의 욕심을 버리고 세상의 잘못된 가치관을 따르지 않는 것은 그리 쉬운 일이 아닙니다. 목사인 제게도 쉬운 일이 아닙니다. 목사가 되면 저절로 세상 욕심과 즐거움을 다 버릴 것 같지만 전혀 그렇지 않습니다. 우리에게 육신이 있는 한 절대 쉬운 일이 아닙니다. 주일에 교회에 나와 예배드리지만 세상과 더불어 살아야 합니다. 그런데 이 세상의 가치관은 자신이 중심입니다. 자신의 욕심을 채우는 것이 인생의 목적입니다. 무슨 짓을 해서라도 자신이 원하는 것을 가져야 하며 누려야 하고, 인기를 독차지해야 합니다. 쾌락을 즐겨야 합니다. 이것이 세상의 가치관입니다.

그러나 겸손하게 살기 위해 세상 욕심을 떠나보내고, 하나님께 순복하며 우리를 시기할 정도로 사랑하시는 성령님께 삶을 맡겨 드리면, 즉 우리를 다스리도록 부탁드리면 세상을 따라서 얻는 유익과는 비교할 수 없는 더 큰 은혜가 임합니다. 생각지도 못한 놀라운 은혜가 우리에게 임합니다. 그 은혜에 비하면 세상 것을 포기하는 일은 아무것도 아닙니다.

여러분의 삶을 불행으로 몰아넣는 다툼에서 해방되고 싶습니까? 그렇다면 여러분 안에 계시는 성령님께 삶을 온전히 내어 드리십시오. 성령 하나님이 여러분의 삶을 다스리도록 내어 드리십시오.

2. 싸움을 그치기 위해 매일 삶에서 지켜야 할 사항

야고보는 싸움을 그치기 위해 매일 삶에서 지켜야 할 네 가지를 알려 줍니다. 4장 8-9절은 이렇게 말씀합니다.

> "하나님을 가까이하라 그리하면 너희를 가까이하시리라 죄인들아 손을 깨끗이 하라 두 마음을 품은 자들아 마음을 성결하게 하라 슬퍼하며 애통하며 울지어다 너희 웃음을 애통으로, 너희 즐거움을 근심으로 바꿀지어다" (약 4:8-9).

(1) 하나님을 가까이하라

첫째, 하나님을 가까이 하라고 말씀합니다. 성령님께 자신의 삶을 온전히 다스리도록 내어 드리려면, 먼저 하나님을 가까이해야 합니다. 헬라어 원문에는 '하나님께 가까이 가라'고 되어 있습니다. 사실 구약의 제사장들이 하나님께 나아갈 때 이 단어를 사용했습니다. 세상을 사랑하여 영적 간음에 빠지지 않으려면 하나님께 날마다 가까이 나아가야 합니다.

여기에서 가장 중요한 것은 경건의 시간입니다. 한번 생각해 보십시오. 아침이 되면 아무 생각 없이 일어납니다. 일어나자마자 신문을 집어 듭니다. 후다닥 정신없이 출근합니다. 집에 있는 아내들은 눈물을 흘리며 드라마를 봅니다. 여러분, 아침에 잠에서 깨자마자 간절한 마음으로 하나님의 말씀을 읽고 정직한 마음으로 하나님께 기도하십시오. "하나님, 오늘 하루도 보람 있게 살기를 원합니다. 제 마음에 기쁨을 주세요. 헛된 생각에서 저를 건져 주세요." 하나님의 말씀을 읽고 그분의 음성을 들으며 시작하는 사람과 그렇지 않는 사람의 삶이 어떻게 같을 수가 있겠습니까!

하나님을 한 번도 떠올리지 않고 일주일에 한 번 예배드리는 사람이 어떻게 성령의 다스림을 받을 수 있습니까! 말도 안 되는 소리입니다. 만약 그렇다면 그것은 사기입니다. 일주일에 한 번 드리는 예배만으로는 되지 않습니다. 예배가 중요하지 않다는 말이 아닙니다. 그러나 공적 예배만으로는 아무런 일도 일어나지 않습니다. 이것을 기억하고 날마다 하나님께 가까이 나아가기를 바랍니다. "그리하면 하나님이 너희를 가까이하시리라."

(2) 손을 깨끗이 하라

둘째, 손을 깨끗이 하라고 말합니다. 출애굽기 30장을 보면, 이 말씀 역시 제사장들이 하나님께 나아가는 의식 가운데 하나였습니다. 제사장들은 하나님께 나아갈 때 반드시 손을 깨끗이 씻었습니다. 왜 그랬습니까? 어떤 의미일까요? 이것은 하나의 의식입니다. 자신의 더러움을 살펴보는 것입니다. 거룩하신 하나님 앞에 나아가는데 자기 마음속에 더러움이 없는지 살피기 위해 손을 씻는 것입니다. 다른 말로 하면, 오늘 행하고 있는 악행을 멈추라는 말입니다.

성경은 종종 우리의 행위를 손에 비유합니다. 남몰래 누군가를 속이는 악행, 거짓말하는 악행, 누군가를 미워하는 악행, 갚아야 할 돈을 주지 않는 악행 등을 멈추라는 것입니다. 이것이 성령님께 자신을 드리는 방법입니다. 하나님을 가까이하고 손을 깨끗이 하십시오.

(3) 마음을 성결하게 하라

셋째, 마음을 성결하게 하라고 말합니다. 야고보는 이 명령을 하면서 이렇게 말합니다. "두 마음을 품은 자들아 마음을 성결하게 하라." 두 마음을 품은 자라고 말하여 마음을 성결하게 한다는 것이 무엇인지 더욱 명확하게 설명합니다. 이것은 앞서 설명한, 세상과 하나님을 동시에 섬기려는 영적으로 간음하는 마음입니다.

그러므로 날마다 우리 마음에 찾아드는 세상적이고 악한 생각들을 떨쳐 버려야 합니다. 우리 마음에는 하루에도 수만 가지 악한 생각이 듭니다. 그래서 루터는 이렇게 말했습니다. "머리에 까치가 날아드는 것은 막을 수 없지만, 까치가 집을 짓지 않게는 할 수 있다." 아주 중요한 이야기입니다. 마음을 성결하게 하라는 것은 날마다 하나님이 기뻐하시는 생각을 하라는 의미입니다. 하나님의 말씀을 외우고, 찬양하며, 축복을 생각하여 마음을 성결하게 해야 합니다.

(4) 슬퍼하고 애통하며 울라

마지막으로, 슬퍼하고 애통하며 울라고 말합니다. 한마디로 말하면, 우리의 사악함을 뉘우치라는 것입니다. 정말 잘못했고, 마음이 타락했으며, 말씀대로 살지 못한 것을 회개하며 살라는 뜻입니다. 주님도 이와 같은 말씀을 하셨습니다. "애통하는 자는 복이 있나니." 그렇습니다. 그리스도인에게 회개는 필수입니다.

이런 인생을 한번 상상해 보십시오. 싸움과 다툼이 없는 인생. 그는 누구와도 싸우지 않습니다. 누군가 자신보다 더 부자가 되고 승진하면 시기하는 마음을 갖는 게 아니라 진심으로 축하해 줍니다. 시기하는 마음이 전혀 일어나지 않습니다. 그리고 현재 모습에 만족합니다. 남보다 부자가 아니어도 괜찮고 더 낮은 자리에 있어도 괜찮습니다. 지금 있는 모습 그대로 하나님이 받으시리라 믿고 만족하며 삽니다. 누구와도 갈등이 없습니다.

이런 인생이 복된 인생 아닙니까? 이것이 은혜 아닐까요! 이러한 삶이 가능합니다. 하나님은 우리에게 이러한 삶을 주시기 위해 야고보를 통해 이 말씀을 주십니다. 지금까지 여러분이 어떻게 살아왔든 상관없습니다. 아마 지금도 누군가와 갈등을 겪는 분도 있을 것입니다. 대놓고 주먹질은 하지 않을지 모르지만 마음이 불편할 것입니다.

오늘 본문 말씀에 순종하여 그것을 떠나보내십시오. 싸움과 다툼에서 자유로운 인생을 누리기 바랍니다. 저는 오늘 말씀을 적용해 봐서 압니다. 마음속에 있는 바위를 내려놓고 훨훨 날아갈 수 있을 것 같은 느낌이 듭니다. 누구와도 등지지 않습니다. 저를 욕하는 사람도 용서할 수 있었습니다. 누구와도 갈등을 겪게 되지 않습니다. 그래서 제 얼굴이 밝은 것입니다.

이런 복된 삶을 살아가는 여러분이 되기를 간절히 바랍니다. 여러분을 시기할 정도로 사랑하시는 성령님께 인생을 내어 드리십시오. 마음속에 있는 욕심을 다 버리십시오. 욕심을 깨끗이 비우면 하나님이 더 큰 은혜를 주실 줄 믿습니다.

10장

참된 믿음은 하나님의 역할을 대신하지 않는다

야고보서 4:11-17

11형제들아 서로 비방하지 말라 형제를 비방하는 자나 형제를 판단하는 자는
곧 율법을 비방하고 율법을 판단하는 것이라 네가 만일 율법을 판단하면 율
법의 준행자가 아니요 재판관이로다 12입법자와 재판관은 오직 한 분이시니
능히 구원하기도 하시며 멸하기도 하시느니라 너는 누구이기에 이웃을 판단
하느냐 13들으라 너희 중에 말하기를 오늘이나 내일이나 우리가 어떤 도시에
가서 거기서 일 년을 머물며 장사하여 이익을 보리라 하는 자들아 14내일 일을
너희가 알지 못하는도다 너희 생명이 무엇이냐 너희는 잠깐 보이다가 없어지
는 안개니라 15너희가 도리어 말하기를 주의 뜻이면 우리가 살기도 하고 이것
이나 저것을 하리라 할 것이거늘 16이제도 너희가 허탄한 자랑을 하니 그러한
자랑은 다 악한 것이라 17그러므로 사람이 선을 행할 줄 알고도 행하지 아니
하면 죄니라.

신앙생활을 설명하는 여러 비유가 있습니다. 그 가운데 신앙생활의 핵심을 담고 있는 비유가 두 가지 있습니다. 첫째는 의자 비유입니다. 모든 사람에게는 보좌가 있습니다. 그 마음의 보좌에 누가 앉아 있습니까? 예수님을 믿기 전에는 우리가 앉아 있었습니다. 우리가 인생의 주인이었습니다. 그러면 예수님을 믿는다는 의미는 무엇일까요? 예수님을 믿는다는 것은 마음의 보좌에 앉아 있던 내가 내려오고 예수님이 앉으시게 하는 것입니다.

둘째는 운전의 비유입니다. 우리는 모두 인생이라는 길을 따라 차를 몰고 있습니다. 예수님을 믿기 전에는 그 운전대를 누가 잡고 있었습니까? 우리가 잡고 있었습니다. 우리가 삶의 모든 것을 결정했습니다. 그러나 예수님을 믿고 나서는 변화되었습니다. 삶의 운전대를 삼위일체 하나님께 양도합니다.

신앙생활에서 가장 중요한 것은 결국 주도권입니다. 인생의 주도권을 누가 쥐고 있습니까? 하나님입니까? 아니면 우리 자신입니까? 문제는 예수님을 믿고 교회에 나오면서도 여전히 자신이 인생의 주도권을 쥐고 있는 사람이 많다는 것입니다. 이것은 매우 불행한 일입니다.

야고보는 신앙생활의 핵심 진리, 즉 주도권의 문제를 삶에서 구체적으로 적용하라고 합니다. 우리가 인생의 주도권을 하나님께 넘겨 드렸다면 어떠한 삶을 살아야 할까요? 야고보는 주도권을 하나님께 넘긴 사람들의 삶의 특징 두 가지를 말합니다.

1. 다른 사람의 삶에서 하나님의 역할을 대신하지 않는다

먼저, 하나님께 운전대를 내어 드리고 인생의 주도권을 넘겨 드린 사람은 다른 사람의 삶에서 하나님의 역할을 대신하지 않습니다. 이 말씀을 마음에 잘 곱씹어 보세요. 이것이 야고보가 말하는 첫 번째 교훈입니다. 4장 11-12절은 이렇게 말합니다.

> "형제들아 서로 비방하지 말라 형제를 비방하는 자나 형제를 판단하는 자는 곧 율법을 비방하고 율법을 판단하는 것이라 네가 만일 율법을 판단하면 율법의 준행자가 아니요 재판관이로다 입법자와 재판관은 오직 한 분이시니 능히 구원하시기도 하시며 멸하시기도 하시느니라 너는 누구이기에 이웃을 판단하느냐"(약 4:11-12).

야고보가 펼치는 논리를 잘 생각해 보십시오. 그는 먼저 형제를 비방하거나 판단하지 말라고 명령합니다. 우리가 형제를 비방하고 판단하면 하나님의 율법을 비방하고 판단하는 것과 같다고 합니다. 우리가 하나님이 주신 율법을 비방하고 판단하면, 율법의 준행자가 아니요 율법을 세운 입법자가 되려는 것과 같다고 합니다. 다시 말하면, 하나님의 자리를 대신하려는 것입니다.

이 얼마나 무서운 죄입니까? 단도직입적으로 말하면 형제 비방과 판단은 바로 하나님의 자리를 대신하려고 하는 행위입니다. 그렇다면 형제를 비방하는 것이 과연 무엇이기에 하나님의 자리를 대신하려는 정도로 심각한 죄란 말입니까?

'형제를 비방한다'는 단어는 헬라어로 '카탈랄레오'(katalaleō)입니다. 이것은 '얕잡아 보다', '얕잡아 말하다'는 뜻입니다. 좀 더 풀이하면, 자신을 다른 사람보다 훨씬 우월하다고 내세우기 위해 여러 가지 방법으로 상대방을 깎아내리는 행위입니다. 누군가 잘못을 저질렀습니다. 그러면 그를 사랑해서 잘못을 알려 주려는 마음이 아니라 그의 잘못을 지적하여 자신의 우월함을 나타내려는 것이 성경이 말하는 비방입니다.

성경은 지혜롭고 올바른 분별을 권장합니다. 주님은 사람을 외모로 판단하지 말고 공의로 판단하라고 말씀하셨습니다. 중요한 점은, 주님이 저와 여러분에게 판단하라고 말씀하셨다는 것입니다. 바울은 이에서 한 걸음 더 나아갑니다. 고린도전서 5장 12-13절은 이렇게 말씀합니다.

> "밖에 있는 사람들을 판단하는 것이야 내게 무슨 상관이 있으리요마는 교회 안에 있는 사람들이야 너희가 판단하지 아니하랴 밖에 있는 사람들은 하나님이 판단하시려니와 이 악한 사람은 너희 중에서 내쫓으라"
> (고전 5:12-13).

우리는 교회에서 상황이나 사람을 판단해야 할 경우가 있습니다. 그리고 그 판단에 따라 잘못된 것이 있는데도 회개하지 않는 사람은 교회에서 내쫓으라고 바울은 명령합니다. 그러므로 야고보는 사람들의 말을 무조건 믿고 허용하면서 그들이 무슨 짓을 해도 그냥 넘어가라고 말하는 게 아닙니다.

우리가 지금까지 살펴보았듯이, 야고보는 서신 전체에서 동료 그리스도인의 죄를 분명하게 지적해 왔습니다. 그러므로 우리는 당연히 판단하고 분별해야 합니다. 또한 필요하다면 강력하게 맞서서 대면해야 합니다. 뒤에서 수군거릴 것이 아니라 앞에서 말해야 합니다. 그러나 사람을 세우기 위한 대면과 허물하기 위한 비난은 다릅니다.

여기서 말한 비방은 사람을 세우기 위한 대면이 아닙니다. 자신을 드러내기 위해 상대방을 무너뜨리려는 비방입니다. 민수기 12장에 보면, 모세가 구스 여인을 첩으로 삼는 내용이 나옵니다. 그러자 아론과 미리암이 모세를 비난합니다. 그런데 하나님이 어떻게 하셨습니까? 아론과 미리암을 꾸짖고 미리암에게 문둥병을 내리셨습니다.

모세가 구스 여인을 첩으로 삼은 것이 잘못 아닙니까? 아론과 미리암은 그것을 분별하여 말한 것이 아닙니까? 그런데 왜 하나님은 아론과 미리암을 꾸짖고 미리암에게 문둥병을 내리셨을까요? 민수기 12장 1-2절은 이렇게 말씀합니다.

> "모세가 구스 여자를 취하였더니 그 구스 여자를 취하였으므로 미리암과 아론이 모세를 비방하니라 그들이 이르되 여호와께서 모세와만 말씀하셨느냐 우리와도 말씀하지 아니하셨느냐 하매 여호와께서 이 말을 들으셨더라" (민 12:1-2).

문제는 바로 여기에 있습니다. 아론과 미리암은 모세를 세우고자 충언한 것이 아닙니다. 모세의 지도력을 공격하여 자신들을 내세우기 위해 비방한 것입니다. 그래서 "여호와께서 모세와만 말씀하셨느냐 우리와도 말씀하지 아니하셨느냐"라고 말한 것입니다. 하나님은 그들의 마음을 알고 진노하셨습니다.

문제는 우리 안에도 이렇게 비방하려는 마음이 숨어 있다는 사실입니다. 제 마음 안에도 있고 여러분의 마음 안에도 있습니다. 우리는 누군가의 잘못을 말하면서 자신은 그 잘못과 아무 상관없다는 듯이 자신을 드러내려고 합니다. 그래서 주님은 말씀하셨습니다. "어찌하여 형제의 눈 속에 있는 티는 보고 네 눈 속에 있는 들보는 깨닫지 못하느냐." 여기서 주님은 자신이 더 의롭다고 드러내는 판단을 말씀한 것이 아닙니다. 분별과 대면을 말씀하신 것입니다. 그래서 바울은 로마서 2장 3절에서 이렇게 말씀합니다.

> "이런 일을 행하는 자를 판단하고도 같은 일을 행하는 사람아, 네가 하나님의 심판을 피할 줄로 생각하느냐"(롬 2:3).

야고보는 동료 그리스도인들을 비방하는 사람은 율법을 범하는 것이라고 말합니다. 어떤 율법입니까? 하나님이 주신 모든 율법의 완성인 자유롭게 하는 율법입니다. 네 이웃을 네 몸과 같이 사랑하라고 한 황금률의 율법입니다. 형제와 자매를 비방하는 것이 문제가 되는 이유는 하나님의 역할을 대신하는 행위에 위험할 정도로 근접해 있기 때문입니다.

여러분, 기억하십시오! 하나님이 세우신 형제를 깎아내리고 비방하는 순간 여러분은 그분의 역할을 대신한 것입니다. 우리는 교회 공동체 안에서 하나님의 역할을 대신하려는 행위를 매우 조심해야 합니다.

제가 목회하면서 가장 조심하는 것이 바로 이 부분입니다. 여러분이 아시는지 모르겠지만 저는 꽤 카리스마가 있는 사람입니다. 제가 여러분을 목회실로 불러서 눈을 쳐다보며 "제가 한 달 동안 집사님을 위해 기도해 왔는데 그 사업은 하지 마세요"라고 말합니다. 그러면 그 사업을 할 사람이 많지 않을 것입니다.

그런데 지금 이렇게 목회하는 사람들이 얼마나 많은지 모릅니다. 기도를 많이 한다며 제 영성을 내세우고 '박 목사는 하루에 몇 시간 기도하는 사람'이라고 선전하면서 여러분의 인생을 꽉 움켜잡으면 목회하기가 아주 쉬울 것입니다. 여러분은 저를 존경할 것이고 제 말을 잘 들을 것입니다. 하지만 저는 그런 일을 하지 않으려고 발버둥치는 목사입니다. 여러분이 잘 아실 것입니다.

제가 왜 이렇게 할까요? 이 말씀을 읽다가 깊이 깨달았기 때문입니다. 누구도 다른 사람에게 하나님의 역할을 대신하려고 해서는 안 됩니다. 제 역할에 대해서는 바울이 잘 말해 주었습니다. 그는 성도들과 주님을 중매하려 한다고 했습니다. 모든 사람이 직접 하나님께 나아가야 합니다.

사실 다른 사람에게 하나님의 역할을 대신하려는 위험한 시도가 가장 많이 일어나는 곳은 가정입니다. 잘못된 신학 때문에 한국 성도들은 자신도 모르게 이런 잘못을 많이 범하고 있습니다. 자식을 자기 소유로 생각합니다. 자기 보물이자 모든 것을 주어도 아깝지 않을 혈육이라고 생각합니다. 이것이 과연 성경에 맞는 생각일까요? 아닙니다. 이것은 유교적 생각일 뿐입니다.

성경은 단 한 번도 자녀를 여러분의 소유라고 말씀한 적이 없습니다. 자녀는 하나님이 여러분에게 잠시 맡기신 하나님의 기업입니다. 이 사실을 명심하십시오. 우리의 소유가 아닙니다. 그러므로 우리는 자녀에게 하나님의 역할을 대신하지 않도록 정말 주의해야 합니다.

자녀에게 하나님의 역할을 대신하는 두 가지 극단적인 태도가 있습니다. 첫째는, 자녀를 함부로 대하며 자신의 마음대로 하는 것입니다. 화나면 화를 내고 자기 마음대로 자녀를 조종하려고 합니다. 자기 소유라고 생각하기 때문입니다. 자녀를 진심으로 존중하는 마음이 없습니다. 그러나 자녀가 여러분에게 잠시 맡기신 하나님의 기업이요 보물이며 여러분과 동등한 사람이라고 생각해 보십시오. 그런 자녀를 어떻게 함부로 대할 수 있겠습니까? 우리는 하나님이 맡기신 자녀를 존중해야 합니다.

또 다른 태도는 첫 번째와는 완전히 다른 모습으로 나타납니다. 지나치게 보호하려는 태도입니다. 모든 것을 다 해주려고 합니다. 완벽하게 보호하고 모든 뒷바라지를 해주려고 합니다. 심지어 자녀의 은퇴 적금까지 넣는 사람도 있습니다. 이것은 자녀를 망치는 행위입니다. 하나님은 안중에도 없는 것입니다. 자신이 자녀를 책임져야 하고 모든 유산을 자녀에게 남겨야 한다고 생각합니다.

하지만 이런 생각은 전혀 성경과 맞지 않습니다. 하나님이 여러분의 인생에 간섭하셨듯이, 자녀의 인생에도 간섭하고 그들을 보호하십니다. 그러므로 우리는 자녀의 인생에서 하나님의 자리를 대신하지 않도록 조심해야 합니다. 이 모든 문제의 핵심은 다른 사람의 삶에서 하나님의 역할을 대신하려는 태도입니다. 우리는 반드시 이 태도를 버려야 합니다.

C. S. 루이스(Lewis)는 이렇게 말했습니다. “우리가 함께 대화를 나누는 이들은 그저 죽어서 사라질 존재가 아닙니다. 국가, 문화, 예술, 문명과 같은 것들은 언젠가 사라질 것이며 그것들의 수명은 우리 개개인에 비하면 모기의 수명과 다를 바 없습니다. 그러나 우리가 농담을 주고받고, 같이 일하고, 결혼하고, 무시하고, 이용해 먹은 사람들은 불멸의 존재입니다.”

그들은 하나님의 기업이요 보물입니다. 그들은 우리와 함께 영원히 천국에서 살아갈 불멸의 존재입니다. 가정이나 교회 공동체에서 우리와 관계하는 모든 사람은 영원을 함께할 하나님의 기업입니다. 하나님의 기업인 그들의 삶에서 여러분이 하나님의 역할을 대신하려는 태도를 철저히 버리기 바랍니다. 이것이 자신의 주도권을 내어 드린 사람의 태도입니다. 하나님께 삶의 주도권을 완전히 내어 드린 사람은 타인의 삶에서 하나님의 역할을 대신하려고 하지 않습니다.

2. 자신의 삶에서 하나님의 역할을 대신하지 않는다

하나님께 인생의 주도권을 넘겨 드린 사람은 자신의 삶에서 하나님의 역할을 대신하지 않습니다. 야고보는 가상의 인물을 등장시켜 우리의 마음 속에 자리 잡고 있는 잘못된 생각들을 드러내기 시작합니다. 4장 13절은 이렇게 말씀합니다.

> "들으라 너희 중에 말하기를 오늘이나 내일이나 우리가 어떤 도시에 가서 거기서 일 년을 머물며 장사하여 이익을 보리라 하는 자들아"(약 4:13).

이 사람은 어떤 사람입니까? 철저히 삶을 계획하는 사람입니다. 이 짧은 구절에 네 가지 사실이 나옵니다. '도시에 가서.' 분명한 체류 장소가 나옵니다. '일 년을 머물며.' 그는 분명한 기간을 정했습니다. '장사하여.' 사업의 방식도 정했습니다. '이익을 보리라.' 분명한 목적이 있습니다.

이 얼마나 완벽한 계획입니까?

그는 지금 도둑질이나 강도짓을 하겠다는 것이 아닙니다. 좋은 계획을 세웠습니다. 그런데 야고보는 왜 이 사람의 태도가 잘못되었다고 말합니까? 얼핏 보면 아주 좋은 계획 같아 보입니다. 문제는 바로 삶의 태도입니다. 자신을 삶의 최종 권위자라고 생각하며 살아가는 태도입니다.

그의 계획 어디에도 하나님은 존재하지 않습니다. 이 사람은 누구일까요? 성도입니다. 교회 안에 있는 사람입니다. 그런데 일상의 모든 계획 가운데 하나님은 어디에도 계시지 않습니다. 이제 여러분의 이야기를 한번 해보십시오. 야고보는 가상의 인물을 등장시켰지만, 사실은 여러분과 저에 대한 이야기를 하고 있는 것입니다.

우리는 곤경에 처한 경우를 제외하고는 하나님과 함께 삶을 계획하지 않습니다. 우리가 인생의 모든 계획을 세웁니다. 사업도, 자녀의 진로도, 대학 문제도, 퇴직 후의 준비도 다 우리가 합니다. 하나님은 우리 마음속 골방에 모셔 둡니다. 물론 우리 대부분은 이 사실을 인정하지 않을 것입니다. 어떤 부분에서는 여전히 하나님이 인생의 주인이시기 때문입니다.

질병이나 우리 힘으로 도저히 해결할 수 없는 위기, 예배와 믿음, 죄사함과 찬양에서는 여전히 하나님이 우리의 주인이십니다. 그러나 일상생활에서 하나님은 주인이 아니라 손님이십니다. 이 그릇된 철학에는 우리가 인생의 주인이라는 생각이 우리도 모르게 들어 있습니다.

야고보는 자기 힘으로 삶을 꾸려 가는 태도가 왜 문제가 된다고 말합니까? 그는 4장 14절에서 이렇게 지적합니다.

"내일 일을 너희가 알지 못하는도다 너희 생명이 무엇이냐 너희는 잠깐 보이다가 없어지는 안개니라"(약 4:14).

이 말씀은 하나님의 진단입니다. "너희 생명이 무엇이냐? 너희는 잠깐 보이다가 없어지는 안개니라." 우리가 인생의 주인이 되면 안 되는 이유가 무엇입니까? 야고보는 '너희 인생의 유한성 때문이다'라고 말합니다. 우리는 1년이나 한 달은 고사하고 당장 내일 무슨 일이 벌어질지 알지 못합니다. 계획을 세우는 것이 나쁜 것은 아닙니다. 하나님이 없는 계획이 문제입니다. 하나님이 없는 태도가 문제입니다. 이것이 바로 예수님이 지적하신 어리석은 부자의 비유 아닙니까!

자기 힘으로 많은 돈을 모은 부자가 말합니다. '내 영혼아, 오늘부터 즐기자!' 그런데 그 밤에 하나님이 찾아오십니다. "이 어리석은 자여, 오늘 밤에 네 영혼을 도로 찾으리니 그러면 네 준비한 것이 누구의 것이 되겠느냐?"

그리스도인들은 도둑질이나 간음, 살인에 대해 말하면 깜짝 놀랍니다. 그러나 하나님 없이 자기가 주인이 되어 사는 것은 아무렇지 않게 생각하며 죄로 여기지도 않습니다. 그런데 성경은 어느 것을 더 큰 죄로 여길까요? 도둑질, 살인, 간음과 하나님 없이 자기 마음대로 사는 것 가운데 어느 것이 더 큰 죄일까요? 놀랍게도 성경은 후자라고 말합니다.

구원받기 위해 예수님을 마음의 보좌에 영접하고서 그분을 골방에 두고 자신이 주인이 되어 사는 것은 신앙생활이 아닙니다. 하나님을 믿는다고 하면서도 자신이 삶의 최종 권위자로 사는 것을 성경은 가장 큰 죄로 여깁니다. 여러분은 어떻습니까? 여러분의 일상에서 누가 주인입니까? 돈을 사용할 때 누가 주인입니까? 어떤 일을 결정할 때 하나님과 얼마나 상의하셨습니까? 그 일을 성경의 진리에 비춰 보았습니까?

마음의 보좌에서 하나님을 밀어내고 우리가 앉으면 어떤 일이 일어납니까? 허탄한 자랑에 빠지게 된다고 야고보는 지적합니다. 4장 15-16절은 이렇게 말씀합니다.

> "너희가 도리어 말하기를 주의 뜻이면 우리가 살기도 하고 이것이나 저것을 하리라 할 것이거늘 이제도 너희가 허탄한 자랑을 하니 그러한 자랑은 다 악한 것이라"(약 4:15-16).

여기서 '허탄한 자랑'은 요한일서 2장에 등장하는 '이생의 자랑'과 같습니다. 예를 들어, 자신의 주거지를 자랑하는 것입니다. 칠팔십 평 아파트를 구입해 놓고 뿌듯해하며 자랑합니다. 미모와 지위를 자랑합니다. 자녀가 명문 대학에 입학한 것을 자랑합니다. 왜 그렇게 합니까? 모든 것을 자신이 이루었다고 생각하니까 자랑하고 싶은 것입니다. 이 사람의 문제는 무엇입니까? 모든 삶이 사실은 자기 것이라고 생각하는 데 잘못이 있습니다. 그래서 모든 일을 자신이 다 결정합니다. 그의 계획 어디에도 하나님은 계시지 않습니다.

하나님 없는 삶을 추구하면, 세상이나 세상 것을 사랑하게 됩니다. 그러나 이 세상에 있는 모든 것은 아침 안개처럼 지나갑니다. 세상의 철학은 하나님을 반대합니다. 일상에서 하나님 없이 살고 세상의 허탄함을 사랑하는 사람을 어찌 신자라고 할 수 있겠습니까!

한국 교회가 왜 망해 가는지 아십니까? 바로 이러한 자들 때문입니다.

예배도 잘 드리고 새벽 기도회에도 열심히 나옵니다. 얼마나 열심히 기도하는지 모릅니다. 그러나 삶에는 하나님이 계시지 않습니다. 예수님을 믿고 나서도 여전히 자신이 주인입니다. 이러한 사람은 하나님이 원하시는 선한 삶을 살 수 없습니다. 4장 17절은 이렇게 말씀합니다.

"그러므로 사람이 선을 행할 줄 알고도 행하지 아니하면 죄니라"(약 4:17).

여기 한 사람이 있습니다. 그는 교회에 나와 예배를 드리기에 선이 무엇인지 압니다. 성경을 공부하기 때문에 무엇이 진리인지 압니다. 또 어떻게 살아야 하는지도 압니다. 그러나 늘 삶의 현장에서는 하나님이 원하시는 선보다는 세상을 따라 삽니다. 그가 왜 기도하는지 아십니까? 세상 사람들이 갖기 원하는 세상 것과 부귀영화 때문입니다. 참으로 비참한 삶이 아닙니까! 몸은 교회에 와 있지만 삶은 송두리째 세상에 가 있습니다. 신자가 아닙니다. 우리 눈에는 믿는 사람이지만 하나님의 불꽃같은 눈으로 보면 그는 하나님과 전혀 상관없는 사람입니다.

그의 마음 보좌에 누가 앉아 있습니까? 자신이 앉아 있습니다. 주님은 어디에 계십니까? 주님을 영접했지만 골방에 가두어 놓았습니다. 이것은 정말 불행한 일입니다. 이 불행이 지금 한국 교회를 좀먹고 있습니다. 이 불행에서 헤어 나오기를 주의 이름으로 축복합니다.

어떻게 이 불행에서 헤어 나올 수 있을까요? 간단하게 두 가지를 말씀드리겠습니다. 첫째, 마음 보좌에 주님을 모시기 바랍니다. 오늘 당장 그렇게 하십시오. 여러분 마음의 보좌에 주님을 모시십시오. 모든 일을 주님과 함께 계획하십시오. 주님과 함께 사업을 계획한다면 어떻게 거짓

말을 하고 사기를 치며 사업할 수 있겠습니까? 절대 그렇게 할 수 없습니다. 돈을 사용할 때도 주님과 함께하십시오. '주님, 제가 이 돈을 어떻게 써야 할까요?' 하며 주님께 물어야 합니다. 모든 것을 주님과 함께해야 합니다.

둘째, 주님이 보여 주시는 선한 일을 즉시 하기 바랍니다. 내일로 미루지 마십시오. 여러분이 내일도 살아 있을 거라고 누가 장담하겠습니까? 성령 하나님이 오늘 여러분에게 지갑을 열어 누군가를 도우라고 명령하셨습니까? 그러면 오늘 행하십시오. 형제와 마음에 맺힌 것을 풀라고 감동을 주셨습니까? 오늘 하십시오. 미루지 마십시오. 미루는 것은 여러분이 하나님의 자리를 대신하려는 것입니다.

하나님이 말씀하신 선한 일을 오늘 하십시오. 오늘 봉사하고 올해 성경을 공부하십시오. 오늘 말씀을 읽고 올해 하나님이 말씀하신 것을 행하기 바랍니다. 그럴 때 우리는 어떤 자리에 서게 됩니까? 비로소 다른 사람뿐만 아니라 자신의 삶 속에서도 하나님의 역할을 대신하지 않게 됩니다. 그리고 삶의 주도권을 하나님께 올려 드리고 하나님이 기뻐 받으시는 그분의 백성이 됩니다. 이 길을 신실하게 걸어가기를 주의 이름으로 축복합니다.

11장

참된 믿음은 올바른 물질관을 소유한다

야고보서 5:1-6

1들으라 부한 자들아 너희에게 임할 고생으로 말미암아 울고 통곡하라 2너희
재물은 썩었고 너희 옷은 좀먹었으며 3너희 금과 은은 녹이 슬었으니 이 녹이
너희에게 증거가 되며 불같이 너희 살을 먹으리라 너희가 말세에 재물을 쌓았
도다 4보라 너희 밭에서 추수한 품꾼에게 주지 아니한 삯이 소리 지르며 그 추
수한 자의 우는 소리가 만군의 주의 귀에 들렸느니라 5너희가 땅에서 사치하
고 방종하여 살륙의 날에 너희 마음을 살찌게 하였도다 6너희는 의인을 정죄
하고 죽였으나 그는 너희에게 대항하지 아니하였느니라.

우리 인생에 가장 친숙하면서 가장 많은 영향을 끼치는 것은 돈일 것입니다. 우리는 돈을 떠나 살 수 없습니다. 육체를 가진 인간이기 때문입니다. 하지만 돈을 잘못된 태도로 대할 수 있습니다.

첫째는 돈이 곧 복이라고 생각하는 태도입니다. 그래서 부자는 복을 받은 자요, 가난한 자는 저주를 받았다고 생각합니다. 그런데 이렇게 생각하면 자연스럽게 기복 신앙으로 흐를 수밖에 없습니다.

기복 신앙인은 이 땅에서 받는 복을 최종 목표로 생각합니다. 왜 예배를 드리고 주님을 섬기고 봉사를 합니까? 왜 열심히 헌금하고 십일조를 냅니까? 이유는 단 하나입니다. 이 땅의 복을 더 많이 받기 위해서입니다. 기복 신앙은 전혀 성경과 맞지 않습니다. 돈이 곧 복이라고 생각하는 태도는 잘못됐습니다.

둘째로 돈은 악한 것이라고 생각하는 태도입니다. 가난한 자가 의로운 자요, 부자는 나쁘다고 생각합니다. 이 생각 역시 이원론의 영향을 받았습니다. 전혀 성경과 맞지 않습니다. 이원론이란 영은 선하지만 육은 악하다고 생각하는 것입니다. 이 세상에 있는 모든 것이 악하다고 보는 이론입니다.

돈에 대한 이 두 가지 태도는 잘못되었습니다. 성경은 돈을 중립적인 것으로 묘사합니다. 예를 들어, 칼을 한번 생각해 보십시오. 날카로운 칼이 좋은 사람 손에 들리면 아주 좋은 도구가 됩니다. 그러나 나쁜 사람 손에 들리면 강도짓의 수단으로 전락합니다. 이같이 돈 자체는 좋거나 나쁘지 않습니다. 문제는 돈을 대하는 저와 여러분의 마음가짐입니다.

야고보는 그리스도인이 어떤 물질관으로 세상을 살아가야 하는지 자세히 설명합니다. 그는 먼저 이렇게 말씀합니다. “부한 자들아.” 이것은 부자들만 지칭하는 것은 아닙니다. 문맥을 살펴보면, 돈에 대한 잘못된 태도를 지닌 모든 사람을 지칭합니다. 돈을 탐하고 돈을 인생의 최고 가치로 여기는 자들을 지칭합니다. 다시 말하면, 하나님은 부자나 가난한 자나 돈과 잘못된 관계를 맺고 사는 사람들을 총칭해서 말씀하고 있습니다. 어떻게 하면 올바른 물질관을 소유할 수 있을까요? 야고보는 세 가지를 말합니다.

1. 물질의 제한성을 깨달으라

첫째, 물질의 제한성을 깨달아야 합니다. 많은 사람이 물질을 행복의 절대 조건이라고 생각합니다. 자신이 불행한 이유는 오직 물질이 부족하기 때문이고, 돈이 있으면 행복할 것이라고 생각합니다. 이것은 엄청난 착각입니다. 인류 역사상 돈이 가장 많았던 록펠러는 이렇게 말했습니다. "세상에서 가장 불행한 사람은 돈밖에 모르는 사람이다."

정말 돈만 있으면 행복할까요? 그렇다면 여러분 주위에 있는 사람들을 한번 보십시오. 여러분 주위에 있는 부자들은 모두 행복합니까? 그렇지 않습니다. 우리나라만 보더라도 예전의 못살던 시절보다 오히려 지금이 인생의 행복 지수가 더 떨어졌습니다. OECD 국가 가운데 우리나라의 행복 지수가 바닥을 치고 있습니다. 돈의 많고 적음은 행복과 별로 관계가 없습니다. 물질은 우리를 행복하게 할 수 없을 뿐 아니라 영원하지도 않습니다. 야고보는 물질의 제한성을 이렇게 설명합니다.

> "너희 재물은 썩었고 너희 옷은 좀먹었으며 너희 금과 은은 녹이 슬었으니"(약 5:2-3).

야고보가 왜 옷을 언급했을까요? 지금은 재산 가치에서 옷이 별로 중요하지 않지만 옛날에는 그렇지 않았습니다. 옷과 옷감이 재산 축적의 한 방법이었습니다. 그래서 옛날에 임금이 상을 줄 때 비단을 몇 필 내리지 않았습니까! 그런데 옷은 좀이 먹습니다. 여기에서 "너희 금과 은은 녹이 슬었으니"라는 말씀이 나옵니다. 금과 은이 녹이 습니까? 사실 녹이 안 습니다. 이 말은 무슨 이야기입니까?

세상에서 가장 오래가고 변하지 않는 재물이라도 언젠가 녹이 슬고 쓸모없는 것이 된다는 의미입니다. 은행에 정기예금을 넣으면 안전할까요? 아닙니다. 보험회사에 연금을 들으면 안전할까요? 국민연금을 들으면 영원할까요? 성경은 그렇지 않다고 말씀합니다. 이 세상에 쌓아 놓은 재물은 절대 영원하지 않습니다.

1923년 시카고에 대부호 일곱 명이 모였습니다. 모든 신문사와 방송국에서 나온 기자들이 취재를 했습니다. 그 부자 일곱 명이 미국 경제를 움직이기 때문입니다. 그 자리에 참석했던 한 기자가 수십 년이 지나 궁금증이 들었습니다. 그래서 27년이 흐른 뒤에 그 일곱 명의 삶을 추적하여 신문에 실었습니다. 27년 뒤 그 부자들은 어떻게 되었을까요? 일곱 명 중 두 명은 파산 선고를 하고 신용 불량자가 되었고, 두 명은 감옥에서 생활하고 있었으며, 나머지 세 명은 자살로 생을 마감했습니다. 이것이 우연일까요?

"부한 자들아 너희 옷은 좀 먹었으며 너희 금과 은은 녹이 슬었으니." 이 땅의 부는 절대 영원하지 않다고 주님은 말씀합니다. 재물이 영원하다고 생각하며 사는 사람처럼 어리석은 사람은 없습니다. 재물이 영원하다고 생각하며 신앙생활하는 사람이 있다면 잘못된 생각을 갖고 하나님의 말씀과 정반대되는 길을 걸어가고 있는 것입니다. 주님이 우리에게 친히 이렇게 말씀하셨기 때문입니다.

> "너희를 위하여 보물을 땅에 쌓아 두지 말라 거기는 좀과 동록이 해하며 도둑이 구멍을 뚫고 도둑질하느니라"(마 6:19).

물질의 제한성을 깨닫지 못할 때 나타나는 모습이 무조건적인 축적입니다. 이것은 물질이 영원하다고 생각하여 무조건 모으려는 태도입니다. 물질을 아껴 쓰고 미래를 위해 저축하는 것은 좋은 일입니다. 그러나 지나치게 저축하는 사람들은 물질관을 면밀하게 살펴볼 필요가 있습니다. 지나치게 물질을 모으려는 사람은 물질이 영원하고 행복을 주며 인생을 좌우한다고 믿기 때문에 그렇게 합니다. 그런 생각을 갖는 순간 우리는 신앙생활을 하는 것이 아닙니다. 하나님을 섬기는 게 아니라 돈을 섬기는 것입니다. 5장 3절은 이렇게 말씀합니다.

> "너희 금과 은은 녹이 슬었으니 이 녹이 너희에게 증거가 되며 불같이 너희 살을 먹으리라"(약 5:3).

이 말씀은 무슨 뜻입니까? 녹이 증거가 된다니 무슨 의미일까요? 여기서 '너희'라고 불리는 사람들은 누구입니까? 이들은 잘못된 물질관을 소유한 자들입니다. 물질이 영원하며 자신의 삶을 좌우한다고 믿는 자들입니다. 또 물질이 자신의 삶을 지킨다고 믿는 자들입니다. 그래서 무조건 쌓아 놓으려고 합니다. 오죽 많이 쌓아 놓았으면 금과 은이 녹이 슬었다고 표현했겠습니까!

하나님은 무조건적인 축적으로 생긴 녹은 잘못된 물질관을 증명하고, 그 잘못으로 결국 인생이 불살라질 것이라고 경고합니다. 기억하십시오. 물질이 영원하고 자신을 지킨다는 잘못된 생각으로 쌓아 놓은 물질은 말세에 여러분을 고발하는 증거가 될 것입니다. 어떤 증거가 된다는 말입니까? 여러분이 청지기로서 올바른 물질관을 갖고 살지 않았다는 증거가 됩니다. 5장 3절은 이렇게 말씀합니다.

> "너희 금과 은은 녹이 슬었으니 이 녹이 너희에게 증거가 되며 불같이 너희 살을 먹으리라 너희가 말세에 재물을 쌓았도다"(약 5:3).

우리는 물질이 아주 제한적임을 반드시 알아야 합니다. 이 땅을 떠날 때 통장에 지나치게 많은 돈을 남겨 놓고 가는 자들은 하나님 앞에서 절대 칭찬받지 못합니다. 올바른 물질관으로 살지 않았기 때문입니다. 우리는 어떤 물질관으로 살아야 할지 결정해야 합니다.

2. 물질은 올바른 방법으로 벌라

둘째, 물질을 올바른 방법으로 벌어야 합니다. 이것이 하나님이 가르쳐 주시는 진리입니다. 5장 4절은 이렇게 말씀합니다.

> "보라 너희 밭에서 추수한 품꾼에게 주지 아니한 삯이 소리 지르며 그 추수한 자의 우는 소리가 만군의 주의 귀에 들렸느니라"(약 5:4).

야고보는 당시 잘못된 물질관을 가진 자들이 저지르는 악행을 아주 극적으로 표현하고 있습니다. 이 구절에 나오는 사람은 어떠합니까? 물질을 우상으로 섬기는 자들입니다. 물질은 영원하고 돈이 자신의 삶을 지킨다고 믿기에 수단과 방법을 가리지 않고 많은 돈을 움켜쥐려고 혈안이 된 사람들입니다.

그 당시에만 이런 사람들이 존재했을까요? 아닙니다. 이런 사람들은 늘 우리 주변에 있습니다. 놀랍게도 야고보는 이런 자들이 교회 안에도 있다고 분명히 말합니다. "너희 밭에서." 여기서 '너희'는 사회의 모든 사람을 지칭하지만 그렇다고 교회에 있는 사람들을 배제하는 게 아닙니다. 오히려 야고보는 성도들에게 이 말씀을 전하고 있습니다.

오늘날 한국 교회의 신뢰도가 땅에 떨어지고 있습니다. 왜일까요? 돈을 버는 방식에서 예수님을 믿는 자와 세상에 있는 자의 차이가 전혀 없기 때문입니다. 교회에 나와서 예배를 드리고 찬송을 하고 기도를 합니다. 그런데 세상에 나가 돈을 벌 때는 믿지 않는 사람들과 아무런 차이가 없습니다.

인류 역사는 사람이 사람을 핍박하는 구조로 지속되어 왔습니다. 인간의 타락한 품성 때문에 그렇습니다. 과거에는 양반과 천민, 귀족과 노예로 나뉘어 양반과 귀족이 천민과 노예를 탄압했습니다. 현대사회는 민주화가 되어 귀족과 노예가 없고 천민과 양반도 없습니다. 그러면 탄압의 구조가 사라졌을까요? 그렇지 않습니다. 지금도 여전히 계급이 존재합니다. 눈에 보이지 않는 계급 말입니다.

자본주의 사회에서는 돈이 많은 사람이 지배 계급입니다. 돈이 없는 사람이 지배를 받는 계급이 됩니다. 돈이 많은 사람이 돈이 없는 사람을 탄압하는 구조입니다. 왜 사람들이 많은 돈을 가지려고 합니까? 이유는 오직 하나입니다. 돈이 권력이기 때문입니다. 돈이 많아야 귀족 대우를 받을 수 있습니다. 이처럼 우리가 사는 사회는 눈에 보이지 않지만 계급이 엄연히 존재합니다. 돈이 많은 사람이 돈이 적은 사람을 핍박합니다.

돈이 많은 사람은 더 많은 돈을 갖기 위해 수단과 방법을 가리지 않고 재물을 모읍니다. 가난한 사람은 가난에서 탈출하기 위해 수단과 방법을 가리지 않고 재물을 모읍니다. 야고보는 물질이 최고라고 믿는 자들이 저지르는 악행이 얼마나 심한지 그들에게 착취당하는 자들의 울음소리가 하나님 아버지의 귀에 들렸다고 고발합니다.

하나님은 어떤 분이십니까? 하나님은 예배당 안에만 거하시는 분이 아닙니다. 예배당 안에서 드리는 기도와 찬송만 들으시는 분이 아닙니다. 그분은 믿는 자들이 교회 밖에서 사는 삶에 관심이 많으십니다. 하나님은 믿는 자들이 세상에서 사는 삶의 소리에 귀를 기울이고 계십니다. 우리가 세상에서 어떻게 돈을 버는지에도 아주 관심이 많으십니다.

여러분은 어떻게 돈을 벌고 있습니까? 정직한 방법으로 벌고 있습니까? 저는 종종 성도들에게 직장에서는 성경을 읽어서는 안 된다고 설교합니다. 휴식 시간이라면 괜찮지만 업무 시간에 성경을 읽지 마십시오. 업무 시간에는 여러분을 고용한 회사를 위해 일해야 합니다. 그것이 정직한 것입니다.

여러분이 누군가를 고용하고 있습니까? 그렇다면 가능한 후하게 직원들을 대해 주십시오. 어떻게든 노동을 착취하려고 생각하지 마십시오. 돈은 정직하게 벌어야만 합니다. 얼마나 많이 벌었느냐가 중요한 것이 아니라 어떻게 벌었느냐가 그리스도인에게는 훨씬 더 중요합니다. 만일 여러분이 돈을 버는 과정에서 누군가의 울음소리가 들렸다면 하나님은 그 소리를 절대 잊지 않으실 것입니다.

네비게이토선교회 창시자 도슨 트로트먼은 물에 빠진 소년을 건지기 위해 호수에 뛰어들었습니다. 그의 나이 57세였습니다. 그는 소년을 살리고 목숨을 잃었습니다. 그가 이 세상에 남긴 영향력은 대단했습니다.

그는 미국에 이민을 온 독일 후손이었습니다. 어느 날 독일에서 온 자기 조상들이 궁금해졌습니다. 증조할아버지가 어떤 분인지 궁금해서 독일에 찾아갔습니다. 그 당시는 요즘같이 전산이 발달되지 않았습니다. 그래서 이곳저곳을 수소문하여 드디어 조상에 대해 알아볼 수 있는 동사무소에 들어갔습니다. 그가 자기 사정을 말하자 그곳 직원이 그의 조상에 관한 정보를 알려 주었습니다. 그런데 동사무소 직원이 도슨 트로트먼에게 안됐다는 표정으로 이렇게 말했습니다. "당신의 증조할아버님은 광부셨네요." 그의 조상은 노동자였습니다.

도슨은 증조할아비지의 직업을 자기 책에 쓰면서 이렇게 기록했습니다. "그 문을 나서며 나는 너무 기뻤습니다. 이 세상에서 가장 정직하게 돈을 버는 방법이 노동이니까요." 그는 조상이 정직하게 돈을 벌었던 노동자임을 알고 무척 자랑스러워했습니다. 이 얼마나 놀라운 가치관입니까!

높은 자리에 있고 권력이 많을수록 부정을 저지르기 쉽습니다. 잘못된 방법으로 돈을 모으기도 쉽습니다. 그러나 우리가 노동으로 돈을 번다면 부끄러운 일이 아닙니다. 정직하게 돈을 벌 수 있기에 하나님 앞에 자랑스러운 것입니다. 그리스도인은 어떤 경우에라도 정직한 방법으로 돈을 벌어야 합니다. 만약 부정한 방법으로 돈을 벌었다면 반드시 회개해야 합니다.

삭개오는 예수님을 만나고 나서 이렇게 말합니다. "만일 누구의 것을 속여 빼앗은 일이 있으면 네 갑절이나 갚겠나이다." 그렇습니다. 이것이 바로 그가 예수님을 만난 증거입니다. 이제 돈을 버는 방법에서도 하나님과 동행하기를 바랍니다.

3. 물질을 올바르게 사용하라

셋째, 물질을 올바르게 사용해야 합니다. 물질에 대해 잘못된 생각을 가진 사람은 물질이 영원하고 최고라고 믿습니다. 그래서 돈을 섬깁니다. 예수님은 이렇게 말씀하십니다. "너희가 하나님과 돈을 겸하여 섬기지 못하느니라." 돈은 헬라어로 '맘몬'입니다. 즉 재물의 신이라는 뜻입니다.

그들은 물질을 모으기 위해 수단과 방법을 가리지 않습니다. 부당한 방법을 마구 동원합니다. 그들 주위에는 늘 상처받는 자들이 즐비합니다. 돈을 모으기 위해 무슨 짓이든 하기 때문입니다. 형제자매 사이도 돈 때문에 갈라집니다. 부부 간에도, 자식 간에도 돈 이야기만 나오면 상처를 줍니다. 그리고 물질에 대한 잘못된 생각을 가진 자들은 결국 물질을 잘못 사용합니다. 5장 5절은 이렇게 말씀합니다.

> "너희가 땅에서 사치하고 방종하여 살육의 날에 너희 마음을 살찌게 하였도다"(약 5:5).

주위를 한번 둘러보십시오. 잘못된 물질관으로 돈을 많이 버는 사람들이 하는 일이 무엇입니까? 수많은 일을 하는 것 같지만, 결국 두 가지로 요약됩니다. 본문에 나타난 대로 사치와 방종입니다. 정직하게 돈을 버는 사람은 돈이 아무리 많아도 사치하고 방종하지 않습니다.

우리 교회에도 직원 수백 명을 거느리고 있으면서도 30만 원이 넘는 양복을 절대 입지 않은 분이 있습니다. 그분은 돈을 정직하게 벌기 때문에 그렇습니다. 그러나 투기와 잘못된 방법으로 돈을 버는 사람들이 돈을 손에 쥐게 되면 사치와 방종의 길로 갑니다. 그것으로 말미암아 교만한 마음이 생깁니다.

돈을 좀 벌면 얼마나 마음이 높아지는지 모릅니다. 돈 없는 자들을 함부로 무시합니다. 그래서 예수님은 부자가 천국에 들어가는 것보다 낙타가 바늘귀로 들어가는 것이 더 쉽다고 말씀하셨습니다. 부자가 되면 마음이 자꾸 높아지고 겸손해지지 않기 때문입니다.

물질로 살진 마음, 교만한 마음은 살육의 날에 비명만 키울 뿐입니다. 이 말이 무슨 뜻인지 한번 생각해 보십시오. 돼지를 키울 때 음식을 주며 통통하게 살을 찌웁니다. 돼지를 왜 그렇게 먹입니까? 목표는 단 하나, 잡아먹으려는 것입니다. 여기서 바로 이 말씀을 하는 것입니다. 잘못된 물질관과 방법으로 물질을 끌어모으고, 그 물질 때문에 마음이 높아지고 사치와 방종을 일삼는 사람은 결국 도살당할 돼지의 처지가 된다는 말씀입니다.

그들은 이 땅에서 인생을 망칠 뿐 아니라 훗날 하나님께 준엄한 심판을 받게 됩니다. 성경은 우리와 물질의 관계를 아주 구체적으로 설명합니다. 그럼 어떤 물질관이 옳은 것입니까? 한마디로 말하면, 청지기 물질관이 옳습니다. 청지기는 물질을 자신의 것으로 생각하지 않고 하나님의 것으로 분명히 인식합니다. 우리에게 맡겨진 물질은 우리 것이 아닙니다. 하나님이 잠시 우리에게 맡기신 것입니다. 우리는 모두 빈손으로 와서 빈손으로 갑니다.

미국의 장례식 복장에는 아주 흥미로운 특징이 하나 있습니다. 주머니가 없습니다. 우리는 모두 빈손으로 이 세상을 떠납니다. 여러분이 이 세상을 떠날 때 통장에 많이 남겨 놓은 돈은 녹입니다. 그것은 여러분이 물질을 신봉했다는 증거입니다. 그래도 성경을 믿는 기독교 국가인 미국에서는 수많은 사람이 이 땅을 떠날 때 학교와 좋은 재단이나 교회에 기부를 하고 갑니다. 우리 교회에는 아직까지 50년 역사상 죽으면서 기부한 사람이 단 한 명도 없습니다. 다 자녀에게 물려줍니다. 이것은 유교의 영향 때문입니다.

우리나라 부자들은 왜 삼대를 못 갑니까? 왜 다 방탕합니까? 부자 부모를 둔 자녀는 왜 망가집니까? 자신은 하나님의 복을 받아 많은 재물을 모았지만 자녀에게 역사하시는 하나님은 믿지 않기 때문입니다. 자신이 자녀의 앞길을 세워야 한다고 믿고 손자 손녀가 살 것까지 다 챙깁니다. 그러면 하나님은 어떻게 하십니까? '그래, 네가 한번 해봐라' 하고 팔짱을 끼십니다. 제가 목회하면서 가장 마음 아픈 점이 이것입니다. 부자 부모는 자녀에게 역사하시는 하나님의 손길을 다 가로막습니다.

여러분의 돈은 여러분 것이 아닙니다. 죽을 때 한 푼도 가져갈 수 없습니다. 그러면 어떻게 해야 합니까? 청지기의 자세로 그 물질을 써야 합니다. 하나님의 나라를 위해 좋은 일에 사용해야 합니다.

어떤 한인 부자가 뉴욕으로 갔습니다. 열심히 일해서 세상에서 성공

했습니다. 그런데 어느 날 몸이 이상해서 병원에 갔더니 암이라고 했습니다. 의사가 1년 시한부 인생을 선고했습니다. 너무 놀라고 당황스럽고 속도 상했지만 그는 명목상 교회 집사였기에 목사를 찾아갔습니다.

그 이야기를 들은 목사가 이렇게 말했습니다. "지금까지 평생을 돈버는 데 시간을 다 썼으니, 이제 마지막 남은 1년은 돈을 쓰는 데 시간을 쓰시지요." 그 집사가 이야기합니다. "목사님, 이 많은 돈을 1년 동안 어떻게 다 쓴단 말입니까?" 목사가 대답했습니다. "자신을 위해서 쓴다면 수백 년을 써도 못 쓰겠지만 남을 위해서 쓰면 1년이면 충분합니다."

집에 돌아와 곰곰이 생각한 집사는 그 말에 순종하기로 했습니다. 그동안 모으기만 했는데 이제는 그 돈을 의미 있게 사용하리라 결심했습니다. 장학 재단을 만들어 가난한 자들을 도우며 선교 활동도 하면서 그 많은 돈을 1년 만에 다 썼습니다. 그런데 1년이 다 되어도 몸에 이상이 없었습니다. 혹시나 하고 병원에 갔더니 오진이라고 했습니다.

이분은 너무 화가 났습니다. 모은 돈을 다 썼기에 의사를 고소할까도 생각했습니다. 하지만 집으로 돌아와 가만히 생각해 보니 자기 인생이 보였습니다. 돈을 모으기 위해 혈안이 되었던 삶이 보였습니다. 돈을 많이 가졌을 때와 지난 1년 동안 하나님 앞에 마음을 열고 가난한 자들을 도우면서 애썼던 때를 비교해 보았습니다. 후자가 훨씬 더 부자이고 더 행복하고 평안했기에 오히려 그 의사에게 감사한 마음이 들었습니다. 이는 뉴욕에 있는 어느 유명한 집사의 이야기입니다. 그는 계속해서 사업을 하며 평생 쓰는 자로 살면서 수많은 교회를 개척하고 선교사를 돕는 자로 선한 영향력을 끼쳤습니다.

이 시간에 몇 가지 질문을 해보기 바랍니다. 여러분의 물질관은 어떻습니까? 하나님 앞에서 한번 점검해 보십시오. 돈에 대한 여러분의 생각은 어떻습니까? 야고보서는 행위를 강조합니다. 참된 믿음은 무엇입니까? 참된 믿음은 삶에 나타나며 물질관에도 명백하게 나타납니다. 돈이 여러분의 삶에서 차지하는 비중이 어느 정도입니까? 혹시 하나님보다 돈을 더 많이 신뢰하고 사랑하지는 않습니까?

혹시 믿음이 좋은 사람의 믿음보다 불신자의 부를 더 부러워하는 것은 아닙니까? 아니면 물질을 모으기 위해 마땅히 행해야 할 하나님의 길을 외면하지는 않습니까? 마땅히 드려야 할 십일조를 도둑질하며, 도와야 할 이웃을 하나님이 보여 주시는 데도 모른 척하고 지나가지는 않습니까? 아니면 돈을 버느라 정신이 없어서 마땅히 가져야 할 주님과의 교제나 섬김의 자리에서 해야 할 봉사를 안 하고 있는지 않습니까? 만약 그런 분이 계시다면 이 자리에서 돌이키시기 바랍니다.

지난주에 한 분에게서 연락이 왔습니다. 그는 자기 아내가 7년 전에 암 수술을 받았는데 제가 그 수술비를 대줬다고 말했습니다. 저는 기억이 안 납니다. 우리가 믿는 자라면, 올바른 재정 구조를 세우는 데 관심을 갖고 이 사회를 그렇게 만들어야 합니다. 특별히 여러분이 공무원이거나 권력이 있는 지위에 있다면, 이 사회를 정의로운 사회로 만드는 데 최선을 다해야 합니다. 부자들이 가난한 자들을 착취하지 않도록 노력해야 합니다.

그러면 교회 공동체에서는 어떻게 해야 합니까? 균등해야 합니다. 교회 공동체에서 가장 크게 재정을 사용해야 할 곳은 가난한 자들을 돌보는 것입니다. 그저 푼돈 정도가 아니라 수입의 일부를 떼어서 도와야 합니다. 제 경험을 여러분에게 나눈다면, 처음에는 십의 일도 어렵겠지만 조금씩 늘려 가면 됩니다. 여러분의 수입 중 일부에서 차츰 십의 이조, 십의 삼조 이렇게 늘리는 것입니다. 록펠러는 십의 구조를 하나님께 드렸습니다.

여러분이 일정액을 정해 놓고 십의 일조를 드리고, 그것으로 하나님 앞에 절기 헌금하고 나머지로 남을 돕는다면 어떨까요? 고민할 필요가 없습니다. 불쌍한 자들을 만나면 항상 따로 떼놓은 돈에서 도우면 되기 때문입니다. 그래서 저는 7년 전에 도운 사람을 기억하지 못했습니다.

한 달란트를 받은 사람이 그것을 땅에 파묻어 두었습니다. 그가 하나님께 얼마나 책망을 받았습니까! 어떤 사람이 좋은 사람입니까? 이 땅을 떠날 때 다 쓰고 가는 사람입니다. 자녀에게 줄 유산이 있다면 지금 주십시오. 아예 장가갈 때 떼어 주고 이것밖에는 없다고 하십시오. 우리 집에는 정말 그것밖에는 없습니다. 그래서 제 아들 광진이가 맨날 우리 집에 밥 먹으러 옵니다. 그것만 갖고 살아야 하기 때문입니다.

저는 하나님이 우리 자녀에게 복을 주실 줄 믿습니다. 제가 손을 뗐으니 하나님이 먹여 살리실 줄 분명히 믿습니다. 제가 그렇게 살았습니다. 참새 한 마리도 돌보시는 하나님이 하물며 여러분의 자녀를 안 돌보실까 봐 그럽니까? 미래를 위해 연금을 들지 말라는 말이 아닙니다. 최소한의 연금을 드십시오. 계획도 하십시오. 그러나 지나치게 많이 모으지는 마십시오. 그것은 그리스도인의 물질관이 아닙니다. 기회가 있을 때마다 나누십시오.

12장

참된 믿음은 인내를 낳는다

야고보서 5:7-12

7그러므로 형제들아 주께서 강림하시기까지 길이 참으라 보라 농부가 땅에서
나는 귀한 열매를 바라고 길이 참아 이른 비와 늦은 비를 기다리나니 8너희도
길이 참고 마음을 굳건하게 하라 주의 강림이 가까우니라 9형제들아 서로 원
망하지 말라 그리하여야 심판을 면하리라 보라 심판주가 문밖에 서 계시니
라 10형제들아 주의 이름으로 말한 선지자들을 고난과 오래 참음의 본으로 삼
으라 11보라 인내하는 자를 우리가 복되다 하나니 너희가 욥의 인내를 들었고
주께서 주신 결말을 보았거니와 주는 가장 자비하시고 긍휼히 여기시는 이시
니라 12내 형제들아 무엇보다도 맹세하지 말지니 하늘로나 땅으로나 아무 다
른 것으로도 맹세하지 말고 오직 너희가 그렇다고 생각하는 것은 그렇다 하
고 아니라고 생각하는 것은 아니라 하여 정죄 받음을 면하라.

인생에서 가장 다루기 힘든 주제가 있다면, 그것은 고난일 것입니다. 삶의 고난이 없는 사람이 있겠습니까. 만일 누군가 저에게 와서 목회하면서 가장 힘든 것이 무엇이냐고 묻는다면 저는 망설이지 않고 성도들의 고통을 옆에서 지켜보는 것이라고 대답할 것입니다. 사랑하는 이들이 처절하게 고통받고 있는데 아무것도 해줄 힘이 없습니다. 왜 그 고통이 오는지 대답조차 하지 못할 때가 많습니다. 그것이 제게 가장 무거운 목회의 짐입니다.

고난의 문제가 어려운 것은 믿음의 성숙이 고난을 면제해 주지 않기 때문입니다. 성경에 나오는 수많은 하나님의 사람 가운데 고난을 피해 간 사람이 있습니까? 아무도 없습니다. 오히려 하나님께 사랑받는 믿음의 사람일수록 더 큰 고난을 당했습니다. 우리가 잘 아는 믿음의 사람 다윗도 고난의 골짜기를 지나며 이렇게 고백했습니다.

> "나는 광야의 올빼미 같고 황폐한 곳의 부엉이같이 되었사오며 내가 밤을 새우니 지붕 위의 외로운 참새 같으니이다"(시 102:6-7).

이 시편에 나타난 다윗의 심정을 이해할 수 있겠습니까? 그의 외로움을 가히 짐작할 수 있겠습니까? 이 시편의 배경이 사무엘상 30장에 나옵니다. 어느 날 다윗은 이스라엘의 왕으로 기름부음을 받습니다. 골리앗을 물리친 다윗은 모든 백성의 칭송을 받으며 사울 왕의 사위가 되었습니다. 하지만 아주 잠깐이었습니다. 그 모든 복은 사울 왕의 질투 때문에 고난으로 바뀌고 맙니다.

다윗은 그날부터 자신을 죽이려는 왕의 추적을 피해 다니는 도망자 신세가 되었습니다. 심지어 적국 블레셋 땅으로 도망가 블레셋 왕에게 청하여 작은 성에서 살게 되었습니다. 얼마 후 블레셋과 유대 사이에 전쟁이 일어나자 다윗은 어쩔 수 없이 블레셋 편에 서서 전쟁에 참여합니다. 그의 마음이 얼마나 괴로웠겠습니까! 하나님께 이스라엘의 왕으로 기름부음 받은 사람이 고국을 치러 가게 생겼습니다. 그의 마음을 한번 상상해 보십시오.

하지만 그는 전쟁에 참여하지 못하고 블레셋 장수들의 미움을 사서 성으로 돌아오게 됩니다. 그런데 이게 웬일입니까! 자기가 살던 성이 모두 불타 버렸습니다. 모든 부하와 가족이 포로로 잡혀가 버렸습니다. 그 광경을 본 다윗과 무리는 어떻게 반응했을까요? 사무엘상 30장 4절은 이렇게 말씀합니다.

> "다윗과 그와 함께한 백성이 울 기력이 없도록 소리를 높여 울었더라" (삼상 30:4).

땅을 치며 통곡하는 다윗의 모습을 그려 보십시오. 형편이 이 지경에까지 이르자 충성을 맹세했던 부하들조차 돌을 들어 다윗을 치려고 했습니다. 그때 다윗은 매우 군급(窘急)했습니다. 다윗이 무슨 잘못을 했습니까? 그가 한 일이라고는 하나님을 위해 골리앗을 물리치고 사울에게 충성한 것밖에 없었습니다.

얼마나 외롭고 힘들었으면 자신을 광야의 올빼미와 부엉이, 지붕 위에 앉아 있는 참새에 비유했겠습니까! 이것이 인생입니다. 오늘 우리 가운데 이 심정을 이해하지 못할 사람이 어디 있겠습니까. 우리는 모두 이러한 고난을 당해 보았을 것입니다.

누구에게나 찾아오는 고난의 문제를 우리는 어떻게 대해야 합니까? 야고보는 인생의 고난을 깊이 이해했습니다. 그래서 그리스도인들에게 고난이 찾아왔을 때 어떻게 해야 하는지를 아주 구체적으로 제시합니다. 고난이 찾아올 때 우리는 어떻게 해야 합니까? 하나님은 야고보를 통해 몇 가지를 말씀하십니다.

1. 길이 참으라

첫째, 고난이 올 때 길이 참아야 합니다. 야고보서는 목회 서신입니다. 성도들의 삶에서 일어나는 여러 가지 문제들을 구체적으로 다루고 있습니다. 야고보는 지금까지 시험의 문제를 다루있습니다. 또한 혀를 조심하라는 교훈을 주었습니다. 외모로 사람을 취하는 것 때문에 생기는 문제와 시기와 다툼의 문제도 다루었습니다. 바로 앞 단락에서는 재물과 돈에 대한 욕심을 말했습니다. 야고보는 삶의 실제 문제들을 다룬 뒤에 이제 5장 7절에서 이렇게 말합니다.

"그러므로 형제들아 주께서 강림하시기까지 길이 참으라"(약 5:7).

"그러므로." 이것은 무슨 말입니까? 이 모든 문제 때문에 생기는 삶의 수많은 고난의 해결책으로 결론을 말하는 것입니다. 우리는 시험과 고난을 당하고 시기와 다툼을 겪고 말로 상처 받습니다. 이런 삶의 모든 문제로 인해 생기는 고난을 어떻게 해야 합니까? 성경은 "길이 참으라"고 말씀합니다.

사실 인내는 그리스도인의 덕목 가운데 가장 기본적이고 귀한 것입니다. 성경은 신자에게 인내와 오래 참음을 매우 강조합니다. 오늘 본문에도 '참음'이라는 단어가 여섯 번이나 등장합니다. 한국어 성경에는 여섯 번 모두 '참음'으로 기록되어 있지만, 사실 헬라어 성경에는 두 종류의 단어로 기록되어 있습니다. 첫 번째 단어는 '마크로시메오'(makrothymeō)인데, 이것은 주로 인간관계에서 생기는 어려움을 참는 것입니다. 살면서 여러 고난을 당하는데 그중 인간관계가 깨져서 생기는 고난이 가장 아픕니다. 그래서 야고보는 관계에서 생기는 아픔을 길이 참으라고 말합니다.

두 번째 단어는 '휘포모네'(hypomonē)인데, 이것은 환경이나 상황으로 말미암아 생기는 아픔 속에서 인내하는 것입니다. 병이나 가난, 배고픔 같은 어려운 상황에서 인내하는 것을 의미합니다. 그리스도인은 어려운 상황이든, 인간관계로 생기는 고난이든 길이 참아야 합니다.

야고보가 오늘 본문에서 사용한 여섯 번의 '참다' 가운데 네 번은 인간관계의 인내를 강조했습니다. 왜 그럴까요? 우리가 당하는 고난 중에 가장 많고 힘든 것이 관계의 어려움이기 때문입니다. 특히 교회에서 신앙생활하는 이들에게는 더욱 그러합니다. 물론 환경의 어려움이 우리에게 많은 아픔을 줍니다. 하지만 병이 생기거나 물질이 부족해서 오는 환경의 어려움은 대부분 잘 이겨 냅니다.

그런데 어디서 무너질까요? 인간관계의 아픔과 고난을 견디지 못하고 주저앉습니다. 상황이 어려워서 깨지는 경우는 거의 없습니다. 전부 관계 때문에 깨집니다. 우리는 연약하기 때문에 서로 상처를 주고받습니다. 아무리 선의로 말하고 행동해도 인식의 차이가 있기 때문에 오해가 생깁니다. 그 오해가 쌓이면 관계에 금이 가고 맙니다.

야고보는 이런 사실을 잘 알기 때문에 신자들에게 교훈을 주고 있습니다. 신자들은 모든 어려움을 다 참아야 하지만 그 가운데서도 특히 관계의 어려움을 이겨 나가야 한다고 말합니다. 남에게 오해를 받고 욕을 먹더라도 '얼굴 안 보면 그만이지' 하고 뛰쳐나가지 말고 참아야 합니다.

야고보는 참음을 강조하기 위해 두 가지를 언급합니다. 하나는 '주의 강림하시기까지'라는 강조입니다. 이것은 주님이 재림하시기까지 참으라는 말도 되겠지만 많은 신학자들은 그렇게 해석하지 않습니다. '주의 강림하시기까지'는 무슨 뜻일까요? 우리가 고난 가운데서 기도하고 참으면 주님은 그냥 계시지 않습니다. 주님이 나타나셔서 우리의 어려운 문제를 다 해결해 주시기까지 길이 참으라는 말씀입니다.

그렇습니다. 하나님은 절대 신자들을 고난 가운데 방치하지 않으십니다. 어떤 부모가 어린아이가 우는데 끝까지 방치하겠습니까. 하물며 하나님은 어떠하십니까! 하나님은 반드시 우리를 고난에서 건져 주십니다. 하나님이 역사하시고 강림하시기까지 길이 참읍시다. 야고보는 이제 농부의 예를 듭니다.

> "그러므로 형제들아 주께서 강림하시기까지 길이 참으라 보라 농부가 땅에서 나는 귀한 열매를 바라고 길이 참아 이른 비와 늦은 비를 기다리나니 너희도 길이 참고…"(약 5:7-8).

이스라엘의 기후는 우리나라와 전혀 다릅니다. 건기에는 비가 한 방울도 오지 않습니다. 겨우 두세 달 동안 내리는 비로 1년 농사를 짓습니다. 아침에 안개가 올라오는데 그 이슬로 농사를 짓습니다. 이른 비는 10월과 12월 사이에 옵니다. 늦은 비는 4월과 5월 사이에 옵니다. 그 외에는 전혀 비가 오지 않습니다. 그래서 유대의 농부들은 오랜 건기를 지나는 동안 하나님이 비를 주셔서 풍성한 수확을 얻기를 바라며 간절한 마음으로 하늘을 살핍니다.

땅이 갈라지고 식물이 타들어 가는 것을 보지만 그들은 인내하며 기다립니다. 하나님을 믿고 기다립니다. 하나님이 강림하셔서 비를 주실 줄 믿고 기다립니다. 우리에게 바로 이러한 인내가 필요합니다. 어려운 환경이 오거나 관계에서 아픔이 생기면 주저앉거나 포기하지 말아야 합니다. 주님이 비를 주시듯이, 우리에게 나타나셔서 모든 문제를 해결해 주실 것을 믿고 인내하며 기다려야 합니다.

기억하십시오. 고난이 우리를 찾아올 때 인내해야 합니다. 요즘은 인내가 사라지는 세상입니다. 그래서 자꾸만 불행해집니다. 주님이 반드시 역사하실 줄 믿고 어떤 고난 속에서도 길이 참고 기다리기를 바랍니다.

2. 마음을 굳건하게 하라

둘째, 고난이 올 때 마음을 굳건하게 해야 합니다. 5장 8절은 이렇게 말씀합니다.

"너희도 길이 참고 마음을 굳건하게 하라 주의 강림이 가까우니라"
(약 5:8).

왜 마음을 굳건하게 하라고 했을까요? 우리가 고난 속에서 행동을 자제하고 계속해서 참을 때 어떤 일이 일어납니까? 너무 참아서 마음에 병이 들 수 있습니다. 목회하면서 보면 참 신기합니다. 아주 성질이 못되고 인격이 성숙하지 않아서 남에게 함부로 말하고 상처를 주는 사람은 절대 병이 안 듭니다. 마음에 병이 들 게 뭐가 있겠습니까? 닥치는 대로 말하고 자기가 하고 싶은 대로 다 하는데 말입니다.

그러면 누가 병이 드는지 아십니까? 성숙한 신앙과 인품을 갖춘 사람들이 마음에 병이 듭니다. 말을 마구 하고 싶어도 참고, 관계를 끝내고 싶어도 참아야 하기 때문입니다. 모욕을 받아도 참고 오해를 받아도 기도하고 참다 보니까 마음에 병이 듭니다. 교회에서도 누가 암에 걸리는지 아십니까? 신기하게도 착한 사람들이 병이 듭니다.

하나님은 마음을 굳건하게 하라고 말씀하십니다. 사실 저는 목회를 하면서 이 문제로 얼마나 많이 기도했는지 모릅니다. 여러분은 어떻게 보실지 모르지만, 저는 마음이 상당히 따뜻하고 여립니다. 누가 뭐라고 하면 상처를 잘 받습니다. 그래서 이 문제 때문에 얼마나 고민하고 주님 앞에 나아갔는지 모릅니다.

그런데 어느새 제 마음이 많이 굳건해졌습니다. 저에게 욕을 해보십시오. 저는 꿈쩍도 안 합니다. 웬만해서는 눈도 깜짝하지 않습니다. 제 마음이 굳건해졌거든요. 고난을 당할 때 낙심하거나 상처를 받지 않도록 해야 합니다. 그래서 하나님은 강하고 담대하라고 말씀하셨습니다. 마음을 굳건하게 한다는 것은 마음을 강하게 하는 일입니다.

'마음을 굳건하게 한다'는 것은 무거운 것을 지탱하고 받쳐 드는 것을 의미합니다. 예를 들면, 고가 도로의 기둥을 떠올릴 수 있습니다. 제가 우리 아이들을 위해 기도하는 몇 가지가 있는데 그중 하나가 이것입니다. '하나님, 우리 아이들의 마음을 강하게 해주세요. 쉽게 상처받지 않게 해주세요.' 우리 인생에는 어려운 문제와 고난이 이어지기 때문입니다.

복잡하고 힘든 인간관계에서 자신의 마음을 지키는 힘이 필요합니다. 사역을 하는 사람에게도 이것이 필요합니다. 유약하고 쉽게 상하고 다치는 마음으로 하나님의 사역을 할 수 없습니다. 영혼을 도울 수 없습니다. 그러므로 우리는 기도해야 합니다. 하나님께 은혜를 간구해야 합니다. "하나님, 제게 튼튼한 마음을 주옵소서"라고 기도해야 합니다. 고난이 올 때 길이 참으시기 바랍니다. 그러나 동시에 여러분의 마음을 굳건하게 하시기를 주의 이름으로 축복합니다!

3. 원망하지 마라

셋째, 고난이 올 때 원망하지 말아야 합니다. 어려움이 올 때 흔히 빠지는 함정은 누군가를 원망하는 것입니다. 이것은 누구나 쉽게 할 수 있는 실수입니다. 우리의 본성이 타락했기 때문입니다.

어려움이 올 때 누군가를 원망하고 싶은 마음이 자리 잡고 있다는 것을 인정해야 합니다. 가족이나 사업 또는 교회가 어려움에 처했을 때, 종종 그 구성원들이 공격의 화살을 밖이 아닌 내부로 돌려 서로 공격하는 것을 흔히 봅니다. 한편으로는 참 신기하기도 합니다. 어려움이 오면 서로 뭉치고 위로해야 하는데 반대로 서로를 공격하고 지도자를 비난합니다. 모든 잘못이 지도자의 탓이라고 원망합니다. 사랑하는 배우자와 자녀를 원망합니다. 어떤 사람은 애완동물까지 학대합니다. 그러나 5장 9절은 이렇게 말씀합니다.

> "형제들아 서로 원망하지 말라 그리하여야 심판을 면하리라 보라 심판주가 문밖에 서 계시니라"(약 5:9).

이 얼마나 강력한 말씀입니까! 심판자가 칼을 들고 문밖에 서 있다고 합니다. 고린도전서 10장에 보면 이스라엘 백성이 멸망한 이유가 나오는데, 우상숭배와 간음과 원망입니다. 그 가운데 이스라엘 백성이 40년 동안 광야 생활을 하고 멸망한 가장 큰 원인은 원망입니다.

성경을 읽어 보면, 원망을 얼마나 금하는지 모릅니다. 왜 성경이 그토록 원망을 금할까요? 원망하는 순간, 우리의 마음이 무너지기 때문입니다. 이 세상에서 가장 빠른 전염병이 뭔지 아십니까? 바로 원망입니다. 그래서 하나님은 어려움이 올 때 원망하지 말라고 말씀하십니다.

여러분의 삶에서 원망이 사라지기를 바랍니다. 기억하십시오. 오늘 말씀을 들은 이후에는 어떠한 고난이 와도 자신의 입술에서 원망의 말이 나가지 않도록 꽉 다물어야 합니다. 하나님이 역사하실 것을 믿는다면, 우리가 어떻게 함부로 원망할 수 있겠습니까!

4. 맹세하지 마라

우리는 고난이 올 때 길이 참고 마음을 굳건하게 해야 하며 원망하지 말아야 합니다. 마지막으로 고난이 올 때 맹세하지 말아야 합니다. 도대체 맹세와 고난이 어떤 연관이 있기에 이 명령을 주셨을까요? 이 명령은 여러 어려운 일로 중압감 속에서 성급한 결정과 약속을 하는 우리의 성향에 대해 말하고 있습니다.

과거 역사를 보면, 어떤 성도는 삶의 무게를 이기지 못하고 그리스도를 부인하기까지 했습니다. 또 어떤 사람은 하나님이 짐의 무게를 덜어주신다면 이런저런 일을 하겠다고 약속하면서 하나님과 거래하려는 잘못을 범하기도 합니다. 하지만 오늘 말씀은 고난을 피하기 위해 헛된 맹세를 하지 말라고 합니다.

그러면 우리는 어떻게 해야 합니까? 참된 믿음이 있는 사람들은 고난을 참고 견뎌야 합니다. 척 스윈돌(Chuck Swindoll) 목사는 인내를 키우는 네 가지 방법을 제시합니다.

먼저 '상황에 초점을 맞추지 말라'고 합니다. 폭풍이 불 때 바다에 나가서 파도를 보면 금방 멀미를 합니다. 그래서 선장이나 노련한 선원들은 멀미를 하면 먼 산을 보라고 합니다. 우리도 똑같습니다. 고난이 올 때 고난을 바라보면 거기에 빠지게 되어 있습니다. 고난이 올 때는 상황에 초점을 맞추지 말아야 합니다.

둘째, '자신에게도 초점을 맞추지 말라'고 합니다. 고난이 올 때 '내가 어떻게 되는 걸까? 이러다가 죽는 거 아냐? 망하는 거 아냐?' 하며 자꾸 자신에게 초점을 맞추기 쉽습니다. 이것은 믿지 않는 자들의 태도입니다. 나에게 초점을 맞추다 보면 자기 연민에 빠지게 되고 자신에게 몰두하게 되면서 타인에 대한 생각은 할 수 없게 됩니다. 상황에 초점을 맞추지 말고 자신에게도 초점을 맞추지 말아야 합니다.

셋째, '자기에게 고난을 주는 자들에게 초점을 맞추지 말라'고 합니다. 자신을 모욕하고 뒤에서 험담하고 비방하면서 어려움을 준 사람들을 묵상하면 무엇이 생기는지 아십니까? 자꾸 마음에 분노가 끓어오르게 됩니다.

넷째, 미래가 아닌 '현재에 초점을 맞추지 말라'고 합니다. 왜냐하면 우리 그리스도인에게는 희망적인 미래가 있기 때문입니다. 우리는 어떤 존재입니까? 이미 삶의 결론을 알고 사는 사람들입니다. 영화 가운데 결론을 맛보기로 살짝 보여 주고 시작하는 영화가 있지 않습니까? 우리 그리스도인의 삶이 그렇습니다.

우리는 절대 망할 수 없는 존재입니다. 하나님이 이미 우리의 결론을 내놓으셨기 때문입니다. 그러므로 우리는 현재의 고난만 보아서는 안 됩니다. 미래에 주실 놀라운 하나님의 복을 바라보아야 합니다. 여러분, 상황에 초점을 맞추지 말고, 자신에게도 초점을 맞추지 말고, 우리를 괴롭히는 자들에게도 초점을 맞추지 말고 누구를 바라보아야 합니까? 하나님을 바라보아야 합니다. 현재가 아닌 미래를 바라보기 바랍니다. 로마서 8장 18절은 이렇게 말씀합니다.

> "생각하건대 현재의 고난은 장차 우리에게 나타날 영광과 비교할 수 없도다"(롬 8:18).

고린도후서 4장 17-18절은 이렇게 말씀합니다.

> "우리가 잠시 받는 환난의 경한 것이 지극히 크고 영원한 영광의 중한 것을 우리에게 이루게 함이니 우리가 주목하는 것은 보이는 것이 아니요 보이지 않는 것이니 보이는 것은 잠깐이요 보이지 않는 것은 영원함이라" (고후 4:17-18).

우리는 당장 다음 달에 무슨 일이 일어날지 알지 못합니다. 갑자기 암 선고를 받을지, 직장에서 해고를 당할지, 사고를 당할지 모릅니다. 그러나 하나님은 다 아십니다. 그리고 하나님은 절대 서두르지 않으십니다. 그분은 우리 인생의 고난을 통해 위대한 일을 하십니다. 수많은 고난을 겪은 욥은 23장 10절에서 이렇게 고백합니다.

> "나의 가는 길을 오직 그가 아시나니 그가 나를 단련하신 후에는 내가 정금같이 나오리라"(욥 23:10, 개역한글).

우리가 갈 길을 우리는 모릅니다. 그러나 그분은 아십니다. 우연히 오는 고난은 없습니다. 모든 고난은 하나님의 단련입니다. 하나님이 욥을 단련하신 이유를 그는 몰랐습니다. 왜 열 명의 자녀가 죽어야 하는지, 왜 재산을 잃어야 하는지, 왜 건강을 잃어야 하는지, 왜 아내가 자기를 버리고 떠나야 하는지 몰랐습니다. 이 세상에 욥보다 더 큰 고난을 당한 사람이 어디 있겠습니까!

욥은 고난의 이유를 하나도 알지 못했지만 훗날 한 가지 교훈을 깨달았습니다. "그가 나를 단련하신 후에는 내가 정금같이 나오리라." 이 믿음이 우리 모두에게 있기를 주의 이름으로 축복합니다. 이 세상에 자녀가 고난당하는 것을 그냥 두는 부모는 없습니다. 육신의 부모도 그런데 자기 아들을 아끼지 않고 십자가에 내주실 정도로 우리를 사랑하시는 하나님 아버지께서 우리에게 고난을 그냥 우연히 주시겠습니까! 모든 고난은 단련인 줄 믿으시기 바랍니다.

고난의 골짜기를 지날 때 우리는 길이 참고 기도하며 마음을 강하게 하고 원망하지 않으며 헛된 맹세를 하지 말아야 합니다. 또한 상황이나 현재 일이나 다른 사람이나 자신에게 초점을 맞추지 말고 하나님만 바라보고 그분이 주실 복을 바라보아야 합니다. 우리가 이 고난의 강을 건너고 나면 하나님이 기뻐하시는 복된 보석이 될 줄로 믿습니다. 이 복된 길을 걸어가기를 다시 한 번 주의 이름으로 축복합니다.

13장

참된 믿음은 환경을 다스린다

야고보서 5:13-18

13너희 중에 고난당하는 자가 있느냐 그는 기도할 것이요 즐거워하는 자가 있
느냐 그는 찬송할지니라 14너희 중에 병든 자가 있느냐 그는 교회의 장로들을
청할 것이요 그들은 주의 이름으로 기름을 바르며 그를 위하여 기도할지니라
15믿음의 기도는 병든 자를 구원하리니 주께서 그를 일으키시리라 혹시 죄를
범하였을지라도 사하심을 받으리라 16그러므로 너희 죄를 서로 고백하며 병이
낫기를 위하여 서로 기도하라 의인의 간구는 역사하는 힘이 큼이니라 17엘리야
는 우리와 성정이 같은 사람이로되 그가 비가 오지 않기를 간절히 기도한즉
삼 년 육 개월 동안 땅에 비가 오지 아니하고 18다시 기도하니 하늘이 비를 주
고 땅이 열매를 맺었느니라.

인생을 살면서 자신에게 주어진 환경에 어떻게 대처하는지가 중요합니다. 이 땅에는 두 종류의 사람이 존재합니다. 환경을 지배하며 사는

사람과 환경에 지배를 당하는 사람입니다. 우리는 어떤 사람으로 지어졌을까요? 성경은 그에 대한 명백한 답을 우리에게 줍니다. 창세기 1장 28절은 이렇게 말씀합니다.

> "하나님이 그들에게 복을 주시며 하나님이 그들에게 이르시되 생육하고 번성하여 땅에 충만하라, 땅을 정복하라, 바다의 물고기와 하늘의 새와 땅에 움직이는 모든 생물을 다스리라"(창 1:28).

이 말씀은 이 땅의 생물 중 유일하게 하나님의 형상을 따라 지어진 인간에게 주신 창조주의 복이요 명령입니다. 주요 단어는 우리가 아는 대로 '정복하라', '다스리라'입니다. 다시 말하면, 창조주 하나님이 저와 여러분을 만드시면서 이 특권과 명령을 주셨습니다.

이것이 우리에게 주신 창조주의 말씀임에도 오늘날 얼마나 많은 사람이 창조주의 명령에 어긋난 삶을 사는지 모릅니다. 그들은 환경을 다스리기보다 오히려 환경에 종속된 삶을 삽니다. 그들이 웃고 우는 이유를 살펴보면 모두 환경 때문입니다. 환경이 좋으면 웃고 환경이 나쁘면 원망하고 주저앉아 슬퍼합니다. 그들은 환경이 자신을 행복하게 해줄 것이라고 굳게 믿고 있습니다. 그래서 늘 좋은 환경을 부러워하며 좋은 환경을 조성하고자 인생을 투자합니다.

하지만 환경을 좇는 삶의 결과는 무엇입니까? 허망함입니다. 우리가 이 땅을 살면서 환경에 지배당하기보다 환경을 다스리며 살 수 있을까요? 야고보는 지금까지 참된 믿음이 무엇인가를 말했습니다. 이제 마지막 부분에 와서 참된 믿음의 특징을 이렇게 말합니다. 우리가 예수 그리스도 안에서 살아 계신 하나님에 대한 참된 믿음을 소유하고 있다면, 우리는 환경에 지배당하는 자가 아니라 환경을 지배하고 다스리며 살아야 한다고 말합니다. 어떻게 하면 환경을 다스릴 수 있을까요? 야고보는 몇 가지 방법을 소개합니다.

1. 고난의 때에 기도하라

첫째, 환경을 다스리기 위해서는 고난의 때에 기도해야 합니다. 이것은 하나님의 명령입니다. '고난의 때에 기도하라!' 복음주의 신학자들이 오늘날 대부분 교회에서 점점 사라지는 성경의 귀한 진리 두 가지를 꼽는데, 그것은 기도와 찬양입니다. 아마 많은 분이 이 지적에 동의하지 않을 것입니다. '아니 우리 한국 교회 성도같이 기도를 많이 하는 성도가 어디에 있다고….' 그러나 조금만 깊이 들여다보면 이 말이 틀리지 않음을 알 수 있습니다.

기도 시간은 많고 기도 소리는 큰 것 같습니다. 하지만 진정으로 하나님이 원하시고, 그분의 마음에 합한 기도를 하는 사람은 너무 적습니다. 우리는 먼저 기도가 무엇인지 알아야 합니다. 다른 종교의 기도와 그리스도인이 하는 기도의 차이가 무엇인지를 명확히 알아야 합니다. 그래서 하나님의 진리를 붙들고 그분의 마음에 합한 기도를 해야 하는데, 그렇게 기도하는 사람이 너무 드뭅니다. 찬양 역시 마찬가지입니다. 교회 안에 노래는 많은데 진정한 찬양은 적습니다.

연료 없는 자동차처럼 기도 없는 인생은 달리다가 멈출 수밖에 없습니다. 여기서 말하는 기도는 올바른 기도를 가리킵니다. 전류가 흐르지 않는 전등처럼 기도하지 않는 그리스도인은 절대 빛을 발할 수가 없습니다. 그러나 오늘날 성도들은 너무 바쁩니다. 세상일로 바쁘고 교회에서 봉사하느라 바쁩니다. 그래서 좀처럼 진정한 기도에 집중하지 못합니다. 다 같이 모여 사회자와 반주자가 분위기를 잡아 주면 기도하는 척합니다. 하지만 골방에 들어가 하나님과 일대일로 만나 깊은 기도를 하는 사람들이 점점 사라지고 있습니다.

멀리 갈 것 없습니다. 여러분은 어떻습니까? 여러분은 진정으로 기도하는 사람입니까? 지난 한 주간 삶을 돌아보십시오. 지난 한 주간 하나님과 만나셨습니까? 하나님의 마음을 헤아리는 기도를 하셨습니까? 주님을 진정으로 찬양하셨습니까? 마음에서 우러나오는 구원의 감격과 하나님에 대한 감격으로 찬양하셨습니까? 진정 예배하는 마음으로 주님을 찬양하셨습니까?

기도가 왜 이토록 중요할까요? 성경은 왜 고난당할 때 기도하라고 명령할까요? 거기에는 이유가 있습니다. 고난 가운데서 기도하지 않으면 환경의 지배를 받을 수밖에 없기 때문입니다. 우리는 연약하고, 육체를 지닌 인간이라 환경을 떠나서는 살 수 없습니다. 그래서 고난의 때에 기도의 보좌로 나아가지 않고, 올바르고 진정한 기도를 드리지 않으면, 환경의 지배를 받을 수밖에 없습니다.

주위를 한번 둘러보십시오. 고난 속에서 기도하지 않는 사람들이 어떻게 되었습니까? 고난이 올 때 기도하지 않으면 낙담하고 짜증 내며 원망하게 되어 있습니다. 이것이 성경에 나타난 이스라엘 백성의 반복된 삶의 방식이었습니다. 그들은 광야에서 어려움이 찾아올 때마다 불평하고 원망했습니다. 그래서 결국 40년 동안 가나안에 들어가지 못하고 광야에서 죽고 말았습니다.

이것은 과거의 역사일 뿐만 아니라 오늘날을 살아가는 우리에게도 해당됩니다. 수많은 그리스도인이 철저하게 환경에 농락당하며 살아갑니다. 조금만 환경이 어려워지면 싸우고 낙담하며 주저앉고 자포자기하며 원망합니다. 그래서 야고보는 5장 13절에서 이렇게 권면합니다.

"너희 중에 고난당하는 자가 있느냐 그는 기도할 것이요"(약 5:13).

야고보의 별명이 '낙타 무릎'이라고 앞에서 말씀드렸습니다. 그는 기도하는 사람이었습니다. 하나님은 이 중요한 명령을 왜 야고보를 통해 우리에게 주셨을까요? 야고보가 전달하는 이 말씀이 왜 중요할까요? 그 이유는 야고보가 지금 이 말씀을 자신의 지식으로 전달한 것이 아니기 때문입니다. 얼마나 기도했는지 그의 무릎은 낙타 무릎과 같이 되었습니다. 그는 기도의 능력을 삶에서 맛보았습니다. 고난 가운데서 기도했습니다. 그렇게 삶에서 얻은 진리로 권면하는 것입니다. "너희 중에 고난당하는 자가 있느냐? 기도하라! 기도하라!"

혹시 고난의 폭풍 속에 있는 사람이 있습니까? 그렇다면 먼저 입을 다물고 기도하기 바랍니다. 야고보는 이 귀한 삶의 비결을 도대체 어디서 배웠을까요? 그의 육신의 형인 우리 주님이십니다. 주님은 인간의 몸으로는 감당하기 힘든 십자가의 고난을 앞두고 기도하셨습니다. 그분이 겟세마네 동산에서 기도하실 때 혈관이 터져 피가 줄줄 흐르듯 땀방울이 핏방울같이 되었습니다.

모든 이스라엘 백성이 어려운 환경 때문에 원망할 때 지도자 모세는 홀로 기도의 자리로 나아갔습니다. 성경은 그 어려운 환경을 해결한 것은 수많은 백성의 원망이 아니라 모세 한 사람의 기도였다고 증언합니다. 우리는 왜 고난당할 때도 기도해야 합니까? 기도에 능력이 있기 때문입니다. 기도는 종종 우리의 환경을 바꿉니다. 우리가 어떻게 해볼 수 없고 누구도 해결할 수 없는 환경을 기도는 바꿉니다. 우리는 성경에서 이러한 예를 많이 발견합니다. 반석에서 물이 나오고, 밀가루와 기름이 마르지 않으며, 불치병이 낫고, 풍랑이 잠잠해집니다.

기도는 우리의 환경을 바꿉니다. 이 사실을 믿으십시오. 기도에는 능력이 있습니다. 그러나 기도가 환경만 바꾸는 것이 아니라 기도하는 사람도 바꿉니다. 어려운 환경을 바꿔 달라고 간절하게 기도하다 보면, 놀랍게도 어느새 우리 자신이 바뀌어 있습니다. 시야가 넓어지고 우리 마음이 바뀝니다. 또 환경은 사라지고 주님만 보입니다. 원망하고 주저앉을 수밖에 없을 때 환경을 바꿔 달라고 기도하다 보면 고난 뒤에 숨겨져 있는 하나님의 놀라운 섭리와 그분이 예비하신 복의 그릇이 보입니다. 환경은 하나도 안 바뀌었는데 우리가 바뀝니다. 모든 것이 잠잠해지고 우리 믿음이 성장합니다.

기도는 기도하는 사람을 바꾸는 능력이 있습니다. 겟세마네 동산에서 주님은 이렇게 기도하셨습니다. "아버지여, 만일 할 만하시거든 이 잔을 내게서 지나가게 하옵소서." 주님조차도 육신을 입으셨기에, 십자가의 고통을 도저히 감당할 자신이 없으셨습니다. 그 잔을 지나가게 해 달라고 기도하십니다. 그러나 겟세마네 동산에서 오랫동안 아버지 하나님께 간절히 기도한 뒤에 어떻게 변하십니까? 자신의 마음을 바꾸십니다.

"아버지여 나의 원대로 마옵시고 아버지의 원대로 하옵소서." 겟세마네 기도로 십자가를 감당할 내면의 힘을 얻으신 것입니다. 일어나 담대하게 제자들에게 "가자!"라고 말씀하고, 십자가를 향해 걸어가셨습니다.

기도는 기도하는 사람을 변화시킵니다. 이 놀라운 사실을 체험한 바울은 이렇게 고백합니다.

> "내가 궁핍하므로 말하는 것이 아니니라 어떠한 형편에든지 나는 자족하기를 배웠노니 나는 비천에 처할 줄도 알고 풍부에 처할 줄도 알아 모든 일 곧 배부름과 배고픔과 풍부와 궁핍에도 처할 줄 아는 일체의 비결을 배웠노라 내게 능력 주시는 자 안에서 내가 모든 것을 할 수 있느니라" (빌 4:11-13).

얼마나 많은 성도가 문맥을 무시하고 13절만 암송하며 이 말씀을 오해하는지 모릅니다. "내가 모든 것을 할 수 있느니라." 무엇을 할 수 있다는 말입니까? 앞 구절에서 설명한 모든 환경에 처할 줄 아는 능력입니다. 풍부에 처할 줄도 알고, 비천에 처할 줄도 알고, 배고픔과 배부름에 처할 줄도 압니다. 다시 말하면, 사도 바울은 기도로 환경에 지배를 당하지 않고 환경을 지배하는 자가 되었다고 말합니다. "내게 능력 주시는 자 안에서 나는 어떤 환경도 모든 일도 다 감당할 수 있다"고 고백하고 있는 것입니다.

이것이 바로 그리스도인이 마땅히 갖추어야 할 모습입니다. 하나님은 우리를 그분의 형상으로 지으셨습니다. 죄로 말미암아 사라졌던 하나님의 형상을 예수 그리스도 안에서 믿음으로 회복시키신 줄 믿습니다. 우리가 정말 예수님을 통해 하나님의 자녀가 되었고, 하나님이 택하신 믿음의 사람이 되었다면 이 세상을 어떻게 살아야 합니까? 환경에 지배당하기보다 환경을 지배해야 합니다. 어떻게 그렇게 할 수 있습니까? 고난이 올 때 기도로 환경을 지배할 수 있습니다.

2. 즐거울 때에 찬양하라

둘째, 환경을 다스리기 위해서는 즐거울 때 찬양해야 합니다. 환경의 지배를 당하는 사람은 고난의 환경도 다스리지 못하지만, 반대로 좋은 환경도 누리지 못합니다. 광야에서 이스라엘 백성의 삶이 그러했습니다. 그들은 환경이 어려울 때 어떻게 했습니까? 주저앉고 낙담하며 원망했습니다. 그러면 환경이 좋을 때는 어떻게 했습니까? 하나님을 찬양하고 예배했습니까? 아닙니다. 그들은 하나님과 그분의 은혜를 잊어버리고 그 환경에 취해 교만해져서 쾌락을 추구했습니다. 결국 그들은 광야에서 멸망하고 말았습니다.

이 비극이 오늘날 교회 안에서 반복되고 있습니다. 환경의 지배를 받는 사람들을 자세히 관찰해 보십시오. 고난이 오면 어김없이 그들은 주저앉습니다. 교회에 나와 고난이 해결되기를 기도합니다. 또 주위에서 믿음 좋은 사람들이 중보기도를 해줍니다. 그러면 상황이 좀 나아집니다. 문제는 바로 그다음입니다. 그들은 문제가 해결되면 찬양이 아닌 쾌락으로 나아갑니다.

이것이 바로 사사기의 교훈입니다. 언젠가 사사기를 하나의 그림으로 소개해 드린 적이 있습니다. 사사기는 일종의 주기입니다. 그런데 이 주기가 위로 올라가는 것이 아니라 점점 밑으로 내려갑니다. 즉 이스라엘 백성이 범죄합니다. 하나님이 그들을 징계하십니다. 그 징계가 너무 힘들어서 백성들은 구해 달라고 기도합니다. 하나님이 구원자 사사를 보내 구원해 주십니다. 그러면 어떻게 됩니까? 예배와 찬양의 자리로 나아가야 하는데, 그들은 곧바로 다시 쾌락을 추구하고 죄를 짓습니다. 이 주기가 반복되며 밑으로 내려가다가 결국 멸망합니다.

오늘날 수많은 성도가 멸망의 비극적 주기에서 헤어 나오지 못하고 있습니다. 그들은 돈이 부족하면 하나님께 열심히 기도합니다. 그러면 하나님의 은혜로 부유해집니다. 문제는 그다음입니다. 부유해지면 어떻게 합니까? 검소하게 살며 그 돈으로 하나님 나라와 가난한 이웃을 섬겨야 하는데 그렇게 하지 않습니다. 대부분 자신의 살림을 늘리는 데 급급하고 사치하며 온갖 백화점 명품으로 휘감으며 마음을 높입니다. 말은 하지 않지만 돈이 생기면 얼마나 교만해지는지 모릅니다. 이것이 멸망의 주기입니다.

병이 들면 기도합니다. 결국 병이 낫고 건강을 되찾으면 어떻게 해야 합니까? 주님의 은혜를 묵상하며 남은 날들을 기뻐하고 예배하며 찬양하고 주를 위해 살아야 하는데 그렇게 하지 않습니다. 되찾은 건강으로 자신을 위해 살아갑니다. 이것이 멸망의 주기입니다. 5장 13절은 이렇게 말씀합니다.

> "너희 중에 고난당하는 자가 있느냐 그는 기도할 것이요 즐거워하는 자가 있느냐 그는 찬송할지니라"(약 5:13).

그리스도인은 어려운 환경도 다스려야 하지만, 좋은 환경도 다스릴 줄 알아야 합니다. 건강을 되찾으셨습니까? 아니, 지금 건강하십니까? 사업이 잘되고 있습니까? 자녀가 잘나가고 있습니까? 그렇다면 잘 들으십시오. 교만하지 말고 다른 곳에 한눈팔지 말고 온 마음으로 주님의 은혜를 감사하며 찬양하십시오.

초대교회 시절, 로마의 한 변방 도시를 다스리던 총독이 로마 황제에게 그 도시에 살던 그리스도인에 관한 보고서를 올렸습니다. 고고학자가 그 보고서의 한쪽 귀퉁이 두루마리를 발견했는데, 내용이 이러합니다. "저들은 정한 날 정한 시간에 모여 기쁨으로 예배합니다. 그러나 거기에 그치지 않고 자신들이 믿는 신에게 늘 감사하는 마음을 품고 살기에 얼굴에 항상 기쁨이 넘칩니다." 이것이 바로 믿지 않는 자들이 본 초대교회 그리스도인의 삶의 모습이었습니다.

이것이 왜 믿지 않는 총독에게 관심거리가 되었을까요? 그 이유는 당시 로마 귀족들의 삶 때문이었습니다. 로마 귀족들은 풍요로움 가운데 살면서 쾌락을 즐겼습니다. 식탐이 얼마나 극에 달했는지 모릅니다. 파티를 하면서 계속 음식을 먹어대고 음식을 잔뜩 먹은 뒤에는 토하는 곳에 가서 토하고 다시 와서 먹었습니다.

삶의 부요를 이기지 못해 온갖 타락한 쾌락에 자신을 던졌습니다. 그래서 원형경기장이 생겼습니다. 사람을 던져 짐승의 밥이 되게 하고 검투사들을 고용하여 서로 죽이게 하는 악한 쾌락까지 즐겼습니다. 이방 총독에게는 방탕한 때에 삶을 절제하며, 고난의 때에 하나님께 기도하고, 즐거울 때에 자신을 절제하며 찬양하고 기뻐하는 그리스도인의 모습이 충격이었습니다.

이것이 바로 그리스도인 삶의 모습이어야 합니다. 어려울 때 원망하거나 낙담하는 것이 아니라 기도해야 합니다. 즐거울 때 찬양해야 합니다. 환경의 지배를 당하기보다는 환경을 다스리는 것이 그리스도인의 마땅한 삶의 모습입니다. 환경을 지배하려면 고난이 올 때 기도하고, 즐거울 때 찬양해야 합니다.

3. 옆의 형제를 돌아보라

셋째, 환경을 다스리기 위해서는 옆의 형제를 돌아보아야 합니다. 갑자기 무슨 말씀일까요? 환경을 지배하는데 왜 옆의 형제를 돌아보라고 할까요? 우리가 모두 연약한 존재이기 때문입니다. 그래서 하나님은 우리를 교회 공동체 안에 두셨습니다. 우리는 그리스도 몸의 지체라고 성경은 말합니다.

지체의 특징이 여러 가지가 있지만 그중에 가장 큰 특징은 무엇입니까? 지체끼리 서로를 극진하게 돌보는 것입니다. 눈이 아프면 손이 마사지를 합니다. 다른 사람이 해주는 마사지보다 적절한 압력과 속도로 마사지를 합니다. 위험한 물체가 날아오면 어떡합니까? 눈이 보고 그다음에 발이 재빨리 피합니다. 운동선수 못지않게 날렵하게 피합니다.

이렇게 협력하지 않으면 몸은 살아남을 수 없습니다. 예를 들어, 위험한 물건이 날아오는데 눈이 아니라 배 쪽으로 옵니다. "뭐 나는 괜찮네. 그냥 두어야겠다"라고 하면 배에 큰 상처가 납니다. 혼자 환경을 다스릴 수 있으면 좋겠지만 혼자서 환경을 다스릴 수 있는 사람은 이 세상에 아무도 없습니다. 이것이 하나님이 가정과 교회를 만드신 이유입니다. 우리는 서로 도움이 필요한 존재입니다. 그래서 야고보는 5장 14-16절에서 이렇게 권면합니다. 이 구절은 상당히 어려운데 제가 알기 쉽게 말씀드리겠습니다.

> "너희 중에 병든 자가 있느냐 그는 교회의 장로들을 청할 것이요 그들은 주의 이름으로 기름을 바르며 그를 위하여 기도할지니라 믿음의 기도는 병든 자를 구원하리니 주께서 그를 일으키시리라 혹시 죄를 범하였을지라도 사하심을 받으리라 그러므로 너희 죄를 서로 고백하며 병이 낫기를 위하여 서로 기도하라 의인의 간구는 역사하는 힘이 큼이니라"(약 5:14-16).

사람들은 이 구절을 많이들 오해합니다. 예를 들면 이런 오해입니다. '아플 땐 반드시 목사를 초청하여 기도해라. 기름은 성령 하나님이 아니냐? 그래서 안수하며 성령받기를 기도해야 한다.' 이것을 믿고 그대로 실천하는 목회자와 교회가 있습니다.

또는 '우리의 모든 병은 결국 다 죄와 연관이 있다'는 식으로 잘못 해석되어 왔습니다. 이 구절을 올바로 해석하기 위해서 중요한 한 단어를 살펴보아야 합니다. '병든 자'에 해당하는 헬라어는 '아스세네오'(astheneō)인데, 이것은 '육체적으로 병든 자'를 뜻합니다. 또한 '마음이 약한 자', '마음이 병든 자', '낙심한 자'를 뜻합니다. 로마서 14장 1절은 이렇게 말씀합니다.

> "믿음이 연약한 자를 너희가 받되 그의 의견을 비판하지 말라"(롬 14:1).

우리가 지금 다루고 있는 것은 '병든 자'입니다. 그러면 어떤 병든 자입니까? 종합해 보건대, 아마도 죄와 관련이 있는 병이 든 사람인 것 같습니다. 이것은 믿는 성도 간에 지은 죄로 인해 생긴 병입니다. 그래서 지금까지 야고보는 교회에서 일어나는 성도 간의 상처와 잘못을 수없이 지적해 왔습니다. 말로 서로 상처를 주지 말라고 했고, 성냄으로 받은 상처에 대해 이야기했습니다. 교회 안에서 혀를 조심하고 사람을 차별하지 말며 다투지 말고, 비방하지 말며 원망하지 말라고 했습니다.

이러한 죄를 짓지 말아야겠지만, 혹 이런 잘못으로 마음이 상하고 육체에 병이 든 자가 있다면 교회 지도자들을 초청하라는 것입니다. 그리고 기도하라고 합니다. 그런데 기름을 바르며 기도하라고 합니다. 이게 무슨 말일까요? 의학용 약을 사용하라는 말입니다. 그 당시에는 약이 그리 많지 않았습니다. 아프면 기름을 발랐습니다.

또한 너희 죄를 서로 고하라고 말합니다. 의인의 기도는 역사하는 힘이 많다고 합니다. 그러면 도대체 누가 의인입니까? 성경이 말하는 의인은 바로 이런 사람입니다. 요한일서 1장 9절은 이렇게 말씀합니다.

> "만일 우리가 우리 죄를 자백하면 그는 미쁘시고 의로우사 우리 죄를 사하시며 우리를 모든 불의에서 깨끗하게 하실 것이요"(요일 1:9).

의인은 모든 불의에서 깨끗해진 사람입니다. 야고보서에서 서로 죄를 고하라는 말씀은 이런 뜻입니다. 잘못으로 낙심했거나 마음이 아파 육체에 병이 든 자가 있으면 교회 지도자들을 초청하고 상처를 준 사람과 함께 모여 서로 죄를 자백하며 눈물을 흘리며 "형제님, 내가 잘못했어요"

라고 말하라는 것입니다. 그런 의인의 기도는 역사하는 힘이 많다고 이야기합니다.

그 예로 엘리야를 듭니다. 우리는 엘리야라고 하면 우리와 차원이 다른 사람이라고 생각하지만 야고보는 그렇게 말하지 않습니다. 야고보는 엘리야가 우리와 같은 성정을 지닌 사람이라고 말합니다. 엘리야는 악한 생각도 하고 속이 좁았지만, 하나님은 그의 기도를 들으셨습니다. 엘리야는 하나님과 교제하며 죄를 자백하고 그분과 관계를 회복했습니다. 교회 공동체 안에서도 마찬가지입니다. 의인의 기도는 역사하는 힘이 많습니다. 우리는 서로 상처를 주는 존재이므로 하나님께 죄를 고백해야 합니다.

그리스도의 보혈을 의지하여 죄를 자백하면 하나님은 우리 기도에 응답하십니다. 우리가 어떻게 환경에 지배를 받지 않고 환경을 지배할 수 있을까요? 오늘 우리는 그 비결을 배웠습니다. 고난의 때에 기도하고, 즐거울 때에 하나님을 찬양해야 합니다.

혼자는 설 수 없습니다. 우리 모두 하나님 앞에 나아가 죄를 자백하고 깨끗한 마음으로 자신과 믿음의 형제들을 위해 기도합시다. 그럴 때 환경에 지배를 받는 자가 아니라 환경을 지배하는 자가 될 줄 믿습니다. 그 복을 온전히 누리기를 주의 이름으로 축복합니다.

14장

참된 믿음은 진리를 붙든다

야고보서 5:19-20

[19]내 형제들아 너희 중에 미혹되어 진리를 떠난 자를 누가 돌아서게 하면 [20]너
희가 알 것은 죄인을 미혹된 길에서 돌아서게 하는 자가 그의 영혼을 사망에
서 구원할 것이며 허다한 죄를 덮을 것임이라.

야고보는 지금까지 삶에서 나타나야 할 참된 믿음의 특징을 제시했습니다. 참된 믿음은 시련을 극복합니다. 또한 유혹을 이깁니다. 참된 믿음은 삶의 변화를 가져오며 사람을 차별을 하지 않고 행함으로 그 믿음을 나타냅니다. 혀를 다스리고 지혜롭게 행하며 다투지 않을 뿐 아니라 다른 사람의 삶에서 하나님의 역할을 대신하려고 하지 않습니다. 또한 올바른 물질관을 갖고 인내하며 환경을 다스립니다.

이제 삶의 모든 믿음을 설명한 야고보는 마지막으로 참된 믿음의 특징을 이렇게 말합니다. 참된 믿음은 어떤 상황에서도 진리를 붙들고 수호한다고 말합니다. 다시 말하면, 진리를 항상 붙들어 진리에서 벗어난 형제들을 진리 가운데로 인도하기 위해 애쓰는 것입니다.

'진리.' 우리가 얼마나 많이 들었던 단어입니까! 그러나 오늘날 교회 안에서 이 단어보다 더 경홀히 여겨지는 단어가 있을까요? 사회학자들은 포스트모더니즘의 특징 중 하나가 바로 보편적 진리를 거부하는 것이라고 지적합니다. 현대인들에게 진리는 자신이 좋아하는 것입니다. 자신이 좋아하면 그것이 진리입니다. 그들은 절대 진리를 인정하지 않습니다. 무엇이든 자신에게 유익하고 좋은 것이 진리입니다. 이것이 오늘날 우리가 몸담고 사는 이 시대의 흐름입니다.

세상은 그렇다고 칩시다. 심각한 문제는, 이러한 세상을 진리로 인도해야 할 교회가 오히려 세상 물결에 편승하고 있다는 점입니다. 교회 안에 다른 진리가 얼마나 많은지 모릅니다. 다른 진리가 너무 많아서 마치 절대 진리가 없는 것 같아 보입니다. 모로 가도 서울만 가면 된다는 풍조가 교회를 지배하고 있습니다. 어떠한 방법을 써도 사람을 많이 모으고 부흥시키면 된다는 풍조가 한국 교회를 뒤덮고 있습니다.

어떤 가르침이든 평안을 주고 마음의 상처를 치료하기만 하면 됩니다. 또 문제를 해결해 주고 당장 눈에 보이는 효과가 나타나면 좋아합니다. 그것이 정말 성경이 말하는 것인지는 그리 중요하지 않습니다. 중요한 것은 자신이 느끼는 효과요 유익입니다. 자신이 즐겁고 평안하고 잘되기만 하면 그것이 곧 진리입니다.

여러분은 어떻습니까? 이 시간에 조용히 생각해 보십시오. 여러분이 붙들고 있는 진리가 있습니까? 만일 그렇다면 그 진리는 무엇입니까? 오늘날 기독교의 특징이 무엇인지 아십니까? 많은 성도들의 마음에 있는 기독교의 특징은 바로 정성과 이적입니다. 기도를 열심히 하고 최선을 다해 주님께 봉사하면 주님이 기적을 일으켜 주신다는 것입니다.

그들에게 중요한 것은 자신의 삶에 일어나는 기적입니다. 다시 말하면, 자신이 원하는 바가 채워지는 게 핵심입니다. 자신의 필요를 채우는 방법은 최선을 다한 기도와 충성입니다. 이런 생각들이 성도들의 마음을 지배하고 있습니다. 그러나 이것처럼 위험한 생각은 없습니다. 정성과 이적은 기독교의 특징이 아니라 이 세상 모든 종교의 특징이기 때문입니다.

세상 종교를 보십시오. 멀리 갈 것 없이 우리 주변에 널려 있는 현상들을 보십시오. 지성이면 감천이라는 말을 알 것입니다. 이것이 우리 주변 종교들의 특성입니다. 정성을 다하면 신이 감동하여 우리가 원하는 것을 이루어 준다는 것입니다. 중요한 것은 우리가 원하는 것입니다. 그 신이 누구든 상관없고 신의 뜻과 생각은 전혀 중요하지 않습니다. 그래서 바위에 빌든, 고목나무에 빌든, 정화수를 떠놓고 빌든 상관없습니다. 정성만 들이면 됩니다. 어떤 신이든 상관없이 정성에 감동해서 자신이 원하는 것을 이루어 주기만 하면 됩니다.

『한국인의 문화적 문법』이라는 책이 있습니다. 500페이지가 넘는 두꺼운 책으로 저명한 사회학자 정수복 씨가 한국인의 심층에 있는 종교심을 학문적으로 파헤친 책입니다. 저자는 우리 민족의 저변에는 한 가지 종교적 문화가 흐르고 있다고 말합니다. 그 종교적 흐름을 학문으로 규명했는데 다름 아닌 샤머니즘입니다. 이 책에서 저자는 샤머니즘이 우리 민족에 들어온 경로를 자세히 밝히고 있습니다.

샤머니즘의 특징은 매우 현세적이라는 것입니다. 모든 종교는 어느 정도 철학적이고 내세적 요소가 있는데 샤머니즘은 철저히 현세적입니다. 내세보다 이 땅을 중요하게 여기고, 미래보다 현재를 중요하게 여깁니다.

샤머니즘의 또 다른 특징은 굉장히 친화적이지만 강력하다는 점입니다. 우리 민족의 마음속에 샤머니즘이 깔려 있었는데 유교가 들어옵니다. 샤머니즘이 유교와 싸웠을까요? 절대 싸우지 않았습니다. 샤머니즘은 매우 친화적이기 때문입니다. '유교여, 오시옵소서' 하며 맞아들였지만 샤머니즘이 유교에게 모든 자리를 내주지 않았습니다. 샤머니즘의 생명력이 얼마나 강한지 모릅니다.

사실 우리나라의 유교는 진정한 유교가 아닙니다. 원래 유교에서 제사를 지내는 이유는, 돌아가신 부모님의 교훈과 유지를 되새기기 위해서입니다. 그러나 오늘날 한국의 유교를 보십시오. 제사를 왜 지냅니까? 묏자리가 왜 중요합니까? 부모를 위해 묏자리를 쓰는 것이 아닙니다. 묏자리를 잘 써야 자신이 복을 받기 때문입니다.

제사를 왜 지냅니까? 부모의 유지를 생각하지 않습니다. 오히려 형제끼리 제사를 지내고 나서 누가 돈을 더 많이 냈느냐 하는 문제로 싸웁니다. 그런데 왜 제사를 지냅니까? 제사를 지내면 조상이 자신과 자손에게 복을 준다고 믿기 때문입니다. 이것이 미신이요 샤머니즘입니다. 샤머니즘이 유교를 완전히 바꾸어 놓았습니다.

그리고 얼마 후 우리나라에 불교가 들어옵니다. 샤머니즘이 어떻게 했을까요? 마찬가지로 '불교여, 오시옵소서' 하며 받아들였습니다. 여러분도 아시겠지만 불교는 아주 철학적인 종교입니다. 그래서 불교에서는 깨달음이 중요합니다. 도를 닦아서 깨닫는 순간 부처가 됩니다. 입시 철에 자녀의 합격을 위해 비는 것은 불교에 전혀 없는 내용입니다.

자기 소원을 이루기 위해 부처 앞에 나아가 도와 달라고 비는 것은 불교와 아무 상관없습니다. 한국 불교가 왜 이렇게 되었습니까? 무엇이 이렇게 바꾸어 놓았습니까? 샤머니즘 때문입니다.

이제 우리는 중요한 대목에 이르렀습니다. 지금부터 120여 년 전에 이 땅에 기독교가 들어옵니다. 샤머니즘이 어떻게 했을까요? 역시 기독교를 받아들였습니다. 샤머니즘이 기독교에 자리를 내어 주었을까요? 여러분이 한번 대답해 보십시오. 한국 교회를 보십시오. 한국 교회가 왜 이렇게 가라앉고 망해 가고 있습니까? 교회 안에 참으로 많은 사람이 하나님의 이름을 부르고 예배를 드리지만 성경 진리가 아닌 샤머니즘을 믿는 자들이 얼마나 많은지 모릅니다. 이것이 오늘날 한국 교회가 몰락해 가는 핵심 이유입니다. 샤머니즘은 기독교에 자기 자리를 내놓은 적이 없습니다.

도스토옙스키는 교회 안에 있는 이 위험한 생각들을 오래전에 간파하고 유명한 소설 『카라마조프 가의 형제들』에서 이미 경고했습니다. 러시아 정교회가 모든 권력을 장악한 때에 예수님이 변복(變服)을 하고 러시아에 나타나십니다. 그러자 정교회 대심문관이 예수님을 체포합니다.

예수님을 추궁하며 죄목을 세 가지 말합니다. 교회가 단죄한 예수님의 죄목이 무엇인지 아십니까? 예수님이 권력과 이적, 신비와 명성을 버렸다는 것입니다. 대심문관은 예수님을 심문하며 이렇게 말합니다. "당신이 버린 그것을 다행히 교회는 버리지 않았다." 어쩌면 교회는 한 번도 그것을 버린 적이 없는지도 모릅니다.

예수님이 공생애를 시작하실 때 받은 시험을 기억할 것입니다. 사탄은 예수님에게 성전 꼭대기에서 뛰어내리라고 유혹합니다. 지금 말로 하면, 부산의 롯데호텔이나 서울의 63빌딩에서 뛰어내리라고 했습니다. 사탄의 말이 무슨 뜻입니까? '예수여, 뭐 그리 어려운 길을 가려 합니까? 뛰어내리세요! 천사가 당신을 받치게 하세요!'

수많은 성도에게 존경받는 선지자가 있습니다. 그는 사회에서도 존경받았습니다. 늘 가난한 자들을 따뜻하게 대하고 잘못된 사회 지도자들을 책망하며, 하나님의 복음을 전했습니다. 모든 방송이 그의 이름을 알리기 시작했는데, 그분이 어느 날 63빌딩에서 뛰어내린다고 했습니다. 자살 소동이 벌어졌습니다. 어떻게 했겠습니까? 모든 방송사가 현장에 나오고 난리가 나지 않았겠습니까?

만약 예수님이 이런 상황에 있다고 생각해 봅시다. 소방대원이 멈추라고 소리를 지르는데도 예수님이 건물에서 뛰어내리십니다. 모두 비명을 지르고 있는데, 이게 웬일입니까! 3층 높이까지 내려왔을 때 갑자기 천사가 나타나 예수님을 양쪽에서 받치더니 서서히 내려와 여의도 바닥에 내려놓습니다. 바로 그 다음 날 예수님이 여의도에 교회를 개척했습니다. 그러면 사람들이 다 이 교회에 오려고 하지 않을까요?

"예수여, 뭐 그리 어렵게 십자가의 길을 가려 하십니까? 너무 간단하지 않습니까? 백성들이 원하는 떡을 만들어 주고 성전에서 뛰어내려 당신의 능력을 보여 권력을 손에 넣으면 되지 않습니까." 사탄은 이렇게 부추깁니다. 하지만 놀랍게도 이 같은 일이 오늘날 교회 안에서 벌어지고 있습니다! 예수님이 거부하신 그 길을, 예수님을 따른다고 하는 자들이 굳이 가려고 합니다.

기독교의 특징은 이적과 정성이 아닙니다. 기독교의 특징이 무엇입니까? 바로 계시와 진리입니다. 이 두 단어를 잊지 마십시오! 많은 신학자들이 계시의 뜻을 어렵게 말하지만, 계시는 한마디로 열어 보이는 것입니다. 도저히 우리의 노력으로는 알 길이 없는 하늘의 진리를 하나님께서 은혜로 우리에게 열어 보이시는 것입니다. 이것이 계시입니다.

합천 해인사에 가면 성철 승려의 사리가 있습니다. 성철 승려는 기도로 유명했던 분입니다. 사실 모든 종교에는 기도와 설교가 있습니다. 그들의 기도와 설교로 변한 사람도 많습니다. 불교에도 새벽 기도가 있고 철야 기도가 있습니다. 40일 기도도 있고, 기도에 대한 간증이 넘쳐 납니다.

병이 나은 간증, 아이가 생긴 간증, 사업 문제를 해결한 간증, 설법에 감동받아 이혼한 부부가 다시 합친 간증 등이 있습니다. 그렇다면 그들의 기도와 우리 기도의 차이는 무엇입니까? 그들의 설교와 우리 설교의 차이는 무엇일까요? 정성의 차이입니까? 우리가 그들보다 더 많은 정성을 바치고 있습니까? 천만에요! 기적의 차이입니까? 통계를 내보십시오. 그들이 말하는 기적과 우리의 기적이 다르지 않을 것입니다.

성철 승려는 기도로 유명한 사람이라고 앞서 말씀드렸습니다. 그는 생애 마지막 9년을 기도만 하다가 세상을 떠났습니다. 온종일 기도만 했습니다. 하루 8시간 정도만 기도한 게 아닙니다. 잘 때도 앉아서 잤습니다. 9년 동안 등을 한 번도 땅에 댄 적이 없다고 합니다. 40일 금식 기도는 아무것도 아닙니다. 사흘만 땅에 등을 대지 않고 있어 보십시오. 허리가 끊어질 것 같습니다. 그런데 그는 9년을 그렇게 했습니다.

그가 마지막에 남긴 시는 불교계에서 금기시하고 있습니다. 왜 금기시합니까? 그 내용이 너무 비관적이기 때문입니다. 그는 시에서 자신이 지은 죄가 이 세상에 존재하는 산들의 수억 배에 달한다고 고백합니다. 많이 기도했지만 자기 안에서 사라지지 않는 욕심과 타락한 본성을 본 것입니다. 그래서 그는 이렇게 한탄합니다. 불교 용어를 사용하면서 자기 영혼이 가장 깊은 바다의 수억 배에 달하는 지옥에 이를 것이라고 말합니다.

아마 그가 기도를 많이 했기 때문에 자신의 미래를 보았는지도 모르겠습니다. 9년 동안 땅에 등을 대지 않고 기도만 해도 깨달을 수 없는 천국의 진리를 하나님이 우리에게 열어 보이셨습니다. 그분은 이미 진리를 주셨습니다. 바로 우리가 들고 있는 이 성경입니다. 성경이 곧 하나님의 말씀이요 진리입니다. 예수 그리스도가 바로 진리입니다. 우리는 진리의 성경으로 이 세상이 어떻게 지어졌는지 알 수 있습니다.

이 세상이 어떻게 창조되었는지 어떻게 압니까? 하나님이 누구시며, 어떻게 우리에게 오셨으며, 우리가 누구며, 왜 이 지경이 되었는지 어떻게 알 수 있겠습니까! 우리를 지으신 하나님 아버지께 어떻게 갈 수 있습니까? 이 놀라운 진리를 무엇으로 알 수 있습니까? 성경을 통해 알 수 있습니다. 하나님께서 성경으로 우리에게 진리를 계시해 주셨기 때문입니다.

성경이 하나님이 열어 보이신 계시의 말씀이라고 믿습니까? 그렇다면 여러분은 성경을 얼마나 사랑하십니까? 성경을 얼마나 공부했습니까? 육십이 다 되어 우리 교회에 와서 예수님을 믿은 한 분은 지금 성경을 60번 읽는다고 합니다. 여러분, 부끄럽지 않습니까? 그분은 성경을 읽으면 처음부터 끝까지 조각들이 그려진다고 말합니다.

여러분은 정말 성경을 사랑하십니까? 성경을 얼마나 공부해 보셨습니까? 이 놀라운 진리를 여러분의 것으로 만들기 위해 얼마나 애써 보셨습니까? 5장 19절은 이렇게 말씀합니다.

> "내 형제들아 너희 중에 미혹되어 진리를 떠난 자를 누가 돌아서게 하면" (약 5:19).

무슨 말입니까? 당시 교회 안에 있는 많은 사람이 진리를 떠나 미혹되었다는 말입니다. 놀라운 말입니다. '미혹되다'라는 말은 헬라어로 '플라나오'(planaō)입니다. 영어의 '플래닛'(planet)이라는 말은 떠돌이, 방랑자라는 뜻의 헬라어 '플라네테스'(planētēs)에서 유래했습니다.

여기서 야고보는 믿지 않는 사람들을 구원의 길로 이끌라고 말하는 것이 아닙니다. 그는 진리를 벗어난 성도들의 회복을 말하고 있습니다. 초대교회에 성령이 강력하게 역사하시고 예수님에게 직접 가르침을 받은 사도들이 하나님의 말씀을 가르쳤던 시대에도 미혹된 자들, 진리를 떠난 자들이 교회 안에 많았습니다. 하물며 지금은 어떻겠습니까!

한국 교회 안에 미혹된 사람들이 너무 많습니다. 열심히 믿는 것 같으나 진리를 떠난 사람들이 너무 많습니다. 저는 지금 이단에 빠진 사람들을 말하는 것이 아닙니다. 교회 안에 있는 사람들을 말하는 것입니다. 그들은 한국 교회 안에 있습니다. 지금 이 자리에도 있습니다. 그러나 그들은 진리에 거하지 않습니다. 교회 안에 있지만 여전히 전혀 다른 종교를 믿고 있습니다. 성경이 아닌 자신의 작은 체험을 굳게 믿고 전파합니다. 그들은 자신의 체험을 전부로 생각합니다. 여전히 기적과 신비를 지향하며 세상 사람들의 가치관을 그대로 추구합니다. 마음 중심에는 하나님이 없습니다. 신비주의와 이상한 영성이 한국 교회에 넘쳐 납니다.

그들은 살아 계신 하나님이 아닌 교회 안의 무당을 믿습니다. 한 신학자는 교회 안의 무당을 양복 입은 무당이라고 표현했습니다. 여러분, 이것이 무슨 뜻인지 아시겠습니까? 하나님과 성도 사이에서 매개체 역할을 하는 목회자와 영향력 있는 평신도를 일컫는 말입니다. 그들은 무당이지만 양복을 입었습니다. 하나님과 사람들 사이에서 자신이 매개체가 되려고 합니다.

그들은 은근히 자기 영성을 자랑합니다. 자신이 얼마나 기도를 많이 하는지 아주 교묘한 방법으로 알립니다. 기도는 골방에 들어가 은밀히 해야 하는데 말입니다. 기도하면 성도들의 미래를 다 알 것처럼 암시합니다. 그리고 자신의 기도는 다른 사람의 기도보다 더 많은 능력이 있어 응답받는다고 믿게 합니다. 그 결과 어떻게 됩니까? 성도들은 하나님을 믿는 것 같지만 그들을 따르게 됩니다. 무당을 따르고 있는 것입니다.

성도들은 양복 입은 무당에게 매여 꼼짝달싹 못 합니다. 여러분은 어떻습니까? 혹시 지금 누군가를 얽매고 있지는 않습니까? 여러분이 전도했거나 양육한 사람을 평생 놓지 않고 자기 사람으로 만들어 자기 말을 듣는 존재로 얽어매고 있지는 않습니까? 아니면 스스로 자신의 영혼을 누군가에게 맡기고 있지는 않습니까?

왜 이런 일을 합니까? 왜 사람이 우상을 섬깁니까? 눈에 보이기 때문입니다. 왜 영혼을 맡깁니까? 편해서 그렇습니다. 고민할 필요 없이 그 사람 말만 따르면 됩니다. 하지만 이 모두가 무당의 역할을 하는 것이며, 이들을 하나님보다 더 신뢰하는 것은 무당을 찾는 불신앙의 행위입니다.

제가 교회에서 목회할 때 가장 조심하는 부분이 이것입니다. 이렇게 되지 않기 위해 얼마나 몸부림치며 기도하는지 모릅니다. 제가 왜 여러분과 거리를 두려고 그렇게 애쓰는지 아십니까? 무당 노릇하기 싫어서 그런 것입니다. 우리의 목자는 오직 예수 그리스도 한 분이십니다. 목회자는 여러분을 하나님과 중매하는 자입니다. 여러분이 하나님을 찾아야 합니다. 여러분이 성경을 읽어야 합니다. 여러분이 직접 하나님을 대면해야 합니다. 이것이 바로 예수님이 십자가에서 피 흘리고 돌아가신 이유입니다. 우리 모두가 만인 제사장이요 거룩한 백성입니다. 저는 우리 교회가 이런 교회가 되길 바랍니다.

담임 목사인 제가 성도들의 영혼을 얽어매지 않는데, 어째서 여러분이 누군가의 영혼을 얽어매려 합니까! 저는 그 부분을 용납할 수 없습니다. 우리 모두 하나님께 직접 나아가는 하나님의 백성이 되기를 주의 이름으로 축복합니다. 누군가 여러분의 영혼을 얽어매려고 합니까? 절대 그를 따라가지 마십시오. 그는 미혹하는 자입니다. 아무리 그가 기도를 많이 하고 경건해 보이고 예언의 말씀을 쏟아 놓는다 해도 그는 삯꾼일 뿐입니다. 그는 양의 탈을 쓰고 하나님의 자리를 대신하고 있는 것입니다.

오늘 한국 교회 안에, 아니 우리 교회 안에 이렇게 미혹된 자들이 있습니다. 우리는 그들을 어떻게 해야 합니까? 미혹된 길에서 건져 내야 합니다. 무엇으로 건져 내야 합니까? 하나님의 진리로, 말씀으로 건져 내야 합니다!

야고보는 우리가 그들을 돌이켜 세울 때 놀라운 일이 생긴다고 합니다. 5장 20절은 이렇게 말씀합니다.

> "너희가 알 것은 죄인을 미혹된 길에서 돌아서게 하는 자가 그의 영혼을 사망에서 구원할 것이며 허다한 죄를 덮을 것임이라"(약 5:20).

여기서 사망이란 암울한 죽음 같은 실존을 의미합니다. 다시 말하면, 진리를 떠나 그가 경험하게 되는 실존적 죽음을 말합니다. 허다한 죄는 그가 진리를 떠나서 자신과 타인에게 짓게 되는 죄를 의미합니다. 그러므로 우리가 하나님의 진리로 진리를 떠난 자들을 돌이켜 세우면 그들의 영혼을 사망에서 구해 내고, 그로 말미암아 파생되는 허다한 죄를 덮을 것이라고 성경은 말합니다.

진리를 받은 사람이라면 마땅히 해야 할 일이 아니겠습니까? 진리를 떠난 자들을 돌이키기 위해서 우리는 때때로 비진리와 대면해야 합니다. 맞서 싸워야 합니다. 자신을 포기하고 참된 진리인 하나님의 말씀으로 돌아가야 합니다. 사람은 다 누군가를 붙잡고 싶은 마음이 있습니다. 다른 사람을 자신의 수족으로 만들려는 욕망이 있습니다. 동시에 누군가에게 속하고 싶어 합니다. 이것이 본성입니다.

그러나 우리는 그러한 유혹을 이겨 내고 진리의 말씀인 하나님과 진리의 핵심인 예수 그리스도께 돌아가야 합니다. 진리의 말씀을 목숨을 다해 붙들고 수호해야 합니다. 이 일이 쉽지 않습니다. 그러나 참된 믿음은 진리를 붙들고 수호합니다.

이 진리 안에 거하십시오. 진리를 꽉 붙드십시오. 이 세상과 교회 안에 수많은 사람이 다른 길을 걸어가더라도 하나님의 진리를 붙드시기 바랍니다. 누군가 진리를 떠나 다른 길로 가면 그를 진리 가운데로 돌아서게 하십시오. 이러한 복이 여러분의 삶과 우리 교회 안에, 한국 교회 안에 넘치기를 간절히 기도합니다.